全国公共图书馆事业发展战略研究丛书

西部地区基层公共图书馆发展策略研究报告

周云岳 陆路 邓辉 等著

国家图书馆出版社

图书在版编目（CIP）数据

西部地区基层公共图书馆发展策略研究报告 / 周云岳
等著 . — 北京 ：国家图书馆出版社，2023.10
（全国公共图书馆事业发展战略研究丛书）
ISBN 978-7-5013-7440-3

Ⅰ.①基… Ⅱ.①周… Ⅲ.①公共图书馆－基层图书
馆－图书馆发展－研究报告－中国 Ⅳ.① G259.252

中国版本图书馆 CIP 数据核字（2022）第 005025 号

书　　名	**西部地区基层公共图书馆发展策略研究报告**
	XIBU DIQU JICENG GONGGONG TUSHUGUAN FAZHAN CELÜE YANJIU BAOGAO
著　　者	周云岳　陆　路　邓　辉　等著
责任编辑	邓咏秋
封面设计	耕者设计工作室

出版发行	国家图书馆出版社（北京市西城区文津街 7 号　100034）
	（原书目文献出版社　北京图书馆出版社）
	010-66114536　63802249　nlcpress@nlc.cn（邮购）
网　　址	http://www.nlcpress.com
排　　版	北京旅教文化传播有限公司
印　　装	河北鲁汇荣彩印刷有限公司
版次印次	2023 年 10 月第 1 版　2023 年 10 月第 1 次印刷

开　　本	710mm×1000mm　1/16
印　　张	8.5
字　　数	120 千字
书　　号	ISBN 978-7-5013-7440-3
定　　价	58.00 元

丛书编委会

主　　编：饶　权

编　　委：申晓娟　褚树青　郑智明　张　岩

　　　　　李静霞　周云岳　韩显红　陈　坚

　　　　　方家忠　刘伟成　宋　卫　陈　超

　　　　　李　培　任　竞　刘　冬　王惠君

基层公共图书馆发展策略研究（西部）项目
联合课题组

课题负责人：周云岳

课题组成员

陕西省图书馆：

    陆　路　强　颖　万行明　邓　辉　王　岚

    辛　娜　方明媚　杨镜台

西安文理学院：段小虎

长　安　大　学：金栋昌

安康市图书馆：李焕龙

新疆维吾尔自治区伊犁哈萨克自治州图书馆：马　静

青海省玉树藏族自治州图书馆：扎西卓玛

总　序

　　凡事预则立，不预则废。长期以来，面向未来开展战略研究、科学编制中长期发展规划是指导我国经济社会快速稳定发展的宝贵经验。从1953年开始制定实施五年规划，我国目前已编制了十四个五年规划。这些五年规划不仅有利于保持国家战略连续性、稳定性，将战略思路落到实处，而且有利于明确未来一段时期内的发展目标和重点任务，集中力量办大事。公共图书馆历来也十分重视编制中长期发展规划，早在1956年国家图书馆就制定了第一个中长期发展规划——《北京图书馆十二年（1956—1968）工作规划纲要》，特别是"十二五"以来，《全国公共图书馆事业发展"十二五"规划》《"十三五"时期全国公共图书馆事业发展规划》发布后，很多图书馆也都开始围绕图书馆事业发展的重难点开展研究，编制五年发展规划，指导事业未来五年的发展方向。

　　"十四五"时期是我国在全面建成小康社会、实现第一个百年奋斗目标之后，乘势而上开启全面建设社会主义现代化国家新征程、向第二个百年奋斗目标进军的第一个五年。当前，世界多极化、经济全球化、社会信息化、文化多样化深入发展，公共图书馆事业正在经历传统媒体和新媒体融合发展带来的海量异构资源的巨大考验，经历数字网络环境下多元信息服务平台的强势竞争，经历在线学习、开放科研、协同创新等信息与文化交流传播新形态的猛烈冲击，经历新冠肺炎疫情导致疫情防控、经费缩减和服务需求变化的严峻考验，面向"智慧社会"的公共图书馆事业转型创新迫在眉睫。同时，

"文化强国"建设被提到突出重要位置，公共图书馆在国家经济社会发展中的地位、作用空前提高。2019 年 9 月，在国家图书馆建馆 110 周年前夕，中共中央总书记、国家主席、中央军委主席习近平同志给国家图书馆八位老专家回信，指出图书馆事业在国家发展特别是在文化发展中的突出重要作用和重要地位，明确强调"图书馆是国家文化发展水平的重要标志，是培育文化自信、滋养民族心灵的重要场所"，对图书馆事业提出"坚持正确政治方向，弘扬优秀传统文化，创新服务方式，推动全民阅读，更好满足人民精神文化需求，为建设社会主义文化强国再立新功"的殷切期望，为公共图书馆在新时代继续推进图书馆事业，服务国家发展大局，服务公众终身学习指明了前进方向，提供了根本遵循。2021 年 3 月，《中华人民共和国国民经济和社会发展第十四个五年规划和 2035 年远景目标纲要》明确提出，要推进公共图书馆等公共文化场馆免费开放和数字化发展；深入推进全民阅读，建设"书香中国"；加强古籍保护研究利用；积极发展智慧图书馆等。而后陆续发布的《"十四五"文化和旅游发展规划》《"十四五"公共文化服务体系建设规划》也都进一步明确了公共图书馆事业未来的发展重点。

为了应对当前经济社会改革发展和文化空前繁荣给公共图书馆事业带来的机遇和挑战，深入学习贯彻习近平总书记给国家图书馆八位老专家的回信精神，贯彻落实国家以及文化和旅游部系列"十四五"规划，近两年，图书馆行业围绕"十四五"时期事业发展，通过召开专题研讨会、实地调研、发表专栏文章、公开征求意见等方式，开展了大量调查研究及实践活动，国家图书馆和各级公共图书馆陆续编制了本馆的"十四五"发展规划，中国图书馆学会、全国图书馆标准化技术委员会等图书馆行业组织也陆续编制了"十四五"规划，为推动全国公共图书馆事业在新时代实现创新发展指明了方向。

2020 年 4 月，国家图书馆、中国图书馆学会受文化和旅游部公共服务司委托，承接"全国公共图书馆事业发展战略研究"项目，邀请 15 家副省级以上公共图书馆共同组成全国公共图书馆事业发展战略研究工作组，汇聚全国公共图书馆及全行业专家团队力量，围绕公共图书馆文献资源建设、基层公共文化服务、优秀传统文化传承发展、全民阅读服务、新技术创新应用等13个专题开展研究。通过文献整理、问卷调查、专家访谈、网络调研、实地考察等多种形式，全面总结我国公共图书馆事业的发展经验和问题，明确未来发展思路，共形成约122万字的15份调研报告，提出49项"十四五"时期重点项目建议，于2021年5月正式结项。为促进项目研究成果的转化利用，国家图书馆、中国图书馆学会联合项目成员馆策划出版"全国公共图书馆事业发展战略研究丛书"，这套丛书既有归纳全部研究内容的总报告，也有针对热点领域分析的专题报告。希望通过这套丛书的出版，为科学谋划公共图书馆事业"十四五"时期及未来更长远发展，支撑各级各类图书馆的中长期规划编制，以及图书馆学开展专业研究、文化主管部门进行有效管理提供参考。

丛书在编纂过程中，得到了全国许多图书馆的积极参与与热情帮助，得到了专家学者及其研究团队的理解支持与悉心付出，在此我谨向所有参与这套丛书编纂出版的机构与个人表达衷心谢忱。我们真诚地希望这套丛书能够为我国公共图书馆事业未来转型发展提供更好的思路和建议，同时也希望能够引发社会各界对公共图书馆事业未来发展的更多关注与思考。

文化和旅游部副部长、中国图书馆学会理事长

饶　权

二〇二一年十月

目　录

前　言

2019 年底，陕西省图书馆很荣幸参与在文化和旅游部公共服务司指导下，由国家图书馆与中国图书馆学会联合牵头组织的"全国公共图书馆事业发展战略研究"工作，并负责子项目"基层公共图书馆发展策略研究（西部）"。

陕西省图书馆在接到研究任务后，由馆长周云岳亲自挂帅，抽选馆内学术骨干组成核心研究团队。研究团队在认真学习和讨论《全国公共图书馆事业发展战略研究工作方案》对"基层公共图书馆发展策略研究（西部）"项目的要求和目标后，提出了项目的总体研究框架，并积极与国家图书馆研究院和有关专家协调研究方案。随后本着对研究课题认真负责的态度，专项研究团队紧锣密鼓地开展了实地走访、问卷调研和研究报告撰写等工作。

研究报告初稿于 2020 年 10 月完成，后在国家图书馆组织专家论证后进行进一步修改，在出版过程中又结合专业编辑提出的意见再次修改，最终出版时，书名定为《西部地区基层公共图书馆发展策略研究报告》。本书共分5 章。第 1 章为"引言"，讨论了西部地区经济、社会与文化事业发展概况，基层公共图书馆的概念、定位与类型，西部地区基层公共图书馆发展策略研究的理论价值和实践意义；第 2 章为"研究方法与研究综述"，介绍了本项目的研究方法与思路、相关研究综述；第 3 章为"西部地区基层公共图书馆发展概况"，分别从法律法规与政府支持、经费状况、馆舍条件、从业人员、文献资源、信息化及新媒体服务、服务效能、总分馆制 8 个角度分析西部地区基层公共图书馆发展概况，并在 3.9 节着重介绍了西部民族地区基层公共图书馆发展概况；第 4 章为"西部地区基层公共图书馆事业发展存在的主要问题及原因"，提出了政府保障力度有待加强、发展不平衡不充分、服务效能有待优化 3 个核心观点；第 5 章为"西部地区基层公共图书馆事业发展政策建议"，从基本原则、实现策略及路径、重点任务及项目 3 个方面对未来西部地区基层公共图书馆事业发展提出政策建议。书后的附录部分收录了西部地区基层公共图书馆发展的 8 个优秀案例以及本项目调查问卷。

我们希望本书能够为西部地区明确基层公共图书馆发展路径提供必要的思考，能够为推动未来西部地区基层公共图书馆高质量发展提供可行的建议。

最后，这本研究报告的完成，离不开上级领导和有关部门的多方支持。在此，课题组衷心感谢有关部门和相关同志的鼎力支持！

基层公共图书馆发展策略研究（西部）项目

联合课题组

二〇二一年五月

1　引言

　　党的十九大报告对新时代我国社会主要矛盾作出了与时俱进的表述，强调"中国特色社会主义进入新时代，我国社会主要矛盾已经转化为人民日益增长的美好生活需要和不平衡不充分的发展之间的矛盾"。这种发展不平衡、不充分的问题在公共文化服务领域表现得尤为突出。基层公共图书馆作为国家保障人民群众享受公共文化服务的基础机构，是构建现代公共文化服务体系的关键所在，然而长期以来我国不同地区基层公共图书馆事业发展存在不平衡、不均等的现象。其中，西部地区基层公共图书馆发展尤为薄弱，已成为制约我国构建现代公共文化服务体系的巨大障碍[①]。

　　2020 年是西部地区基层公共图书馆事业发展特殊的一年。2020 年 5 月发布的《中共中央　国务院关于新时代推进西部大开发形成新格局的指导意见》特别指出，要强化西部地区公共文化服务，完善西部地区公共文化服务设施网络。同时，2020 年既是我国国民经济与社会发展"十三五"规划收官之年，也是我国公共文化事业"十四五"发展规划筹划起草之年。值此之际，通过重新审视近年来西部地区基层公共图书馆发展轨迹，系统总结"十三五"期间西部地区基层公共图书馆建设的经验得失，在此研究基础上思考今后五年

---

　　① 东中西部地区公共图书馆发展的不均衡情况可参见：陈雅，潘雪.我国东中西部地区差异背景下公共图书馆发展策略研究［J］.新世纪图书馆，2018（12）：63-66.

乃至更长时间西部地区基层公共图书馆事业发展路径，对于新形势下加快我国公共文化服务体系建设发展无疑具有十分重要的现实意义和学术价值。

1.1 西部经济、社会与文化事业发展概况

西部地区不仅幅员辽阔、民族聚集，而且有着深厚的人文底蕴和丰富的矿产资源。我国西部地区包括内蒙古自治区、广西壮族自治区、重庆市、四川省、云南省、贵州省、西藏自治区、陕西省、甘肃省、青海省、宁夏回族自治区、新疆维吾尔自治区等 12 个省、自治区、直辖市。虽然"十三五"期间西部地区的社会、经济和文化发展都取得了长足的进步，但是受自然环境和经济基础限制，西部地区的各项社会事业发展依然相对滞后，所以西部地区基层公共图书馆发展要走一条符合地区特色的可持续发展道路。

首先，西部地区地广人稀，公共服务成本较高。西部地区除成都平原、关中平原、宁夏平原等少数平原、河谷地区自然条件较好外，其余绝大部分地区以高原、山地、沙漠和戈壁为主，自然环境比较恶劣。因此，虽然西部地区土地的面积高达 678.2 万平方公里，占全国陆地总面积的 70.6%[①]，但是2018 年西部地区人口却只有 3.8 亿，占全国总人口的 27.2%[②]。

其次，尽管"十三五"期间西部地区的经济也得到了长足发展，但西部地区的经济条件在全国范围依然相对落后。2018 年全国人均 GDP 达到 64644元，而西部地区除重庆市外，其余省、自治区人均 GDP 全部低于全国人均GDP 数据。其中，甘肃省人均 GDP 甚至只有 31336 元，不及全国人均 GDP

---

① 中华人民共和国民政部.中华人民共和国行政区划简册 2018［M］.北京:中国地图出版社,2018:1-8.

② 国家统计局.中国统计年鉴2019［M］.北京:中国统计出版社,2019:34.

的 50%①。同时，在西部地区，地方财政收入的突出特点是"人均少、总量低"。2018 年全国人均地方财政收入 7016 元，其中东部地区人均地方财政收入 10972 元、中部地区 4693 元、西部地区 5016 元，中、西部地区人均地方财政收入不足东部地区的一半；同年全国 2851 个县级行政区（未包括港澳台数据）平均地方财政收入 34.3 亿，其中东部地区县（市、区）平均地方财政收入 80.4 亿、中部地区 22.5 亿，而西部地区只有 17.5 亿，不足东部地区的1/4②。

最后，西部地区城市化和人均受教育水平较低，增加了西部地区基层公共图书馆体系建设难度。2018 年全国城市化率约为 59.6%，其中东部地区 69.7%、中部地区 56.2%，而西部地区只有 52.9%，贵州、西藏、云南、甘肃四省、自治区的城市化率不足 50%，农村人口仍然占多数③。同时，2018 年全国 15 岁以上文盲人口占总人口比例为 4.94%，而西部地区有 5 个省、自治区 15 岁以上文盲比例接近或超过 10%，西藏文盲人口比例更是高达 35.23%，是全国平均比例的 7 倍有余④。此外，西部地区高学历人口比例也低于全国平均水平。2018 年全国 6 岁以上人口中，本科及以上学历人口比例为 6.64%，其中东部地区比例为 8.51%、中部地区 5.47%、西部地区5.77%⑤。

①　国家统计局.中国统计年鉴 2019［M］.北京:中国统计出版社,2019:56-57.
②　国家统计局.中国统计年鉴 2019［M］.北京:中国统计出版社,2019:213,818-819.其中2018 年人均地方财政收入=财政项 2018 年地方财政收入 97903.38 亿元/人口项 2018 年末总人口13.9538 亿=7016.25 元。后文东部、中部、西部人均财政收入、平均地方财政收入、城市化率、人均受教育水平等数据来源均同上。
③　国家统计局.中国统计年鉴 2019［M］.北京:中国统计出版社,2019:35-36.
④　国家统计局.中国统计年鉴 2019［M］.北京:中国统计出版社,2019:48.
⑤　国家统计局.中国统计年鉴 2019［M］.北京:中国统计出版社,2019:45-47.

1.2　基层公共图书馆的概念、定位与类型

1.2.1　基层公共图书馆的概念

基层图书馆是公共文化服务体系不可或缺的重要组成部分[①]，是开展全民阅读的主要阵地。国内一般认为基层图书馆是指由县（市、区）及以下各级政府主办或由社会力量捐资兴办的公共图书馆，承担着文献信息资源搜集、整理、存储、传播、借阅等公共文化服务职能[②]。从这个意义上说，基层图书馆与基层公共图书馆含义基本相同。在县（市、区）级公共图书馆之下，基层公共图书馆按服务区域可分为农村图书馆（室）、社区图书馆（室）等多种形式。其中，农村地区一般设有乡镇（街道）综合文化站图书室和村（社区）综合文化活动中心图书服务点，开展如"农家书屋"等文化惠民服务，而城市街道、社区一般设有社区图书馆（室），是社区的文化中心、学习中心和信息中心[③]。

发达国家对基层公共图书馆定义并无统一规范。欧美地区发达国家一般按照各项指标和服务区域的不同来界定是否属于基层公共图书馆。如美国通常认为公共图书馆系统中规模较小且具有独立行政资格的县（郡）以下公共图书馆为基层公共图书馆。英、美等国的基层公共图书馆主要由社区图书馆和农村图书馆组成，统称"rural & small library"（农村及小型图书馆），管理结构上大多采用总分馆制。这些基层公共图书馆具有服务区域较小（市民在

---

① 龚蛟腾.基层图书馆的定位、反思与趋向[J].图书馆工作与研究,2013(12):4-9.
② 霍瑞娟.基层图书馆管理与服务[M].北京:北京师范大学出版社,2019:1.
③ 龚蛟腾,王凤姣,方雯灿.公共文化服务体系中社区图书馆发展战略研究[M].北京:知识产权出版社,2018:29.

较短时间内可到达)、馆藏较少、配备图书馆专业人员、由财政税收支持、设置图书馆管理委员会、对所有人开放等多项特征[①]。日本对基层公共图书馆的定义和中国较为接近，一般按照行政区划级别界定基层公共图书馆。日本的公共图书馆体系分为都、道、府、县以及市、町、村、特别区两级，基层公共图书馆可界定为城市的区立图书馆和乡村的町、村图书馆[②]。

1.2.2　基层公共图书馆的定位

发达国家公共图书馆体系建设比较成熟，其基层公共图书馆服务定位与国立、州立图书馆服务定位相互补充。发达国家国立、州立图书馆主要承担收集与保存文献资源，为政府、企业及个人提供参考咨询服务等职能，而基层公共图书馆的定位则更倾向于为服务区域内的居民提供信息共享、生活休闲、空间服务等。近些年欧美发达国家基层公共图书馆服务内容日益多元化，并逐渐演化成社区服务中心。例如，美国基层公共图书馆能为服务区域内的居民提供文化、资讯、生活等多方面支持：文化方面，基层公共图书馆为移民聚居区提供语言文化辅导，为儿童提供校外作业辅导，为技术人员和失业者提供计算机及网络培训；资讯方面，基层公共图书馆提供献血、纳税、入伍、选举、移民、医疗机构简介、社团联系方式、天气预报、旅游出行路线等资讯；生活方面，基层公共图书馆可为老年人、残疾人办理免费乘车卡，为无家可归者提供帮助，提供家谱制作、家庭关系辅导等。

现阶段，我国基层公共图书馆服务定位，更多旨在向乡镇、社区及农村居民提供保障性、普及性、基础性文化和社会教育服务，满足基层群众日益增长的知识、信息及文化需求。首先，我国基层公共图书馆是群众终身学习

---

① 曹海霞.美国基层图书馆发展研究综述［J］.图书馆建设,2014(4):68-75.
② 邵燕,姜晓曦.国外公共图书馆标准化工作对我国基层图书馆标准制定的启示［J］.图书情报工作,2012(21):22-26.

的场所，是学校教育的有力补充，是民众学习的第二课堂，例如许多基层公共图书馆为儿童、老年人等群体提供计算机使用、网络信息检索等方面的课程培训。其次，基层公共图书馆是群众文化休闲中心，为读者提供空间休闲服务，为整个社会营造良好的文化学习和交流氛围。再次，基层公共图书馆是群众信息共享中心，为读者提供信息搜集、组织和借阅服务，并为周围居民生活、学习和工作提供必要的帮助。最后，基层公共图书馆是精神文明建设高地，基层公共图书馆可以通过组织读书会、文化讲座、知识竞赛等活动宣传与弘扬爱国主义、传统文化、科学知识和法律常识。

1.2.3 基层公共图书馆的类型

我国基层公共图书馆主要分为以下四种：①县（市、区）图书馆；②街道、社区综合文化活动中心图书馆（室）；③乡镇、村综合文化站图书馆，这类图书馆（室）主要服务对象是集镇及农村人口；④自助图书馆、24 小时书吧、民宿书吧等新业态。近些年全国各地公共图书馆开始推广自助图书馆、24 小时书吧、民宿书吧等新型业态。这些新型基层公共图书馆突破了以往基层公共图书馆的组织管理和服务形式，其所有权可能归属于市级图书馆、省级图书馆，但实际服务目标却和区域内基层公共图书馆相似，且也是通过总分馆的组织形式加以管理。

1.2.4 基层公共图书馆相关政策法规

从 1850 年英国通过世界上第一部全国性公共图书馆法——《公共图书馆法》以来，世界各国先后颁布了数百部图书馆的相关法律法规。这些法律法规切实保障和维护了各国图书馆事业的健康有序发展。新中国成立后，虽然国家文物事业管理局早于 1978 年就颁发了《省、市、自治区图书馆工作条例

（试行草案）》，但相关法律长期缺位。近几年，我国相继颁布了《中华人民共和国公共文化服务保障法》和《中华人民共和国公共图书馆法》，各地立法机关也相继出台了多部相关法规。我国公共图书馆相关法律法规的逐步完善，标志着我国公共图书馆事业发展正式步入了法治化轨道。

《中华人民共和国公共文化服务保障法》和《中华人民共和国公共图书馆法》都为基层公共图书馆发展提供了坚实的法律保障。例如，《中华人民共和国公共文化服务保障法》第四条、第八条、第十三条等明确了县级以上人民政府依法保障公共文化服务公益性、基本性、均等性、便利性的主体责任；而《中华人民共和国公共图书馆法》第四条、第七条、第十三条、第十四条和第三十一条则对县级以上人民政府保障基层公共图书馆经费、土地、设施等多方面提出了明确要求，特别是在相关条文中指出各级政府要加强对革命老区、民族地区、边疆地区和贫困地区公共图书馆事业的支持力度。

除法律法规外，"十三五"期间国家还出台了多项指导标准，明确基层公共图书馆事业发展目标。2015 年 1 月，中共中央办公厅、国务院办公厅印发了《国家基本公共文化服务指导标准（2015—2020 年）》和《关于加快构建现代公共文化服务体系的意见》两份政策文件。这两份文件都对基层公共图书馆建设、运营和管理提出了明确要求。此后，相关部门根据有关文件精神相继出台了《全民阅读"十三五"时期发展规划》《文化部"十三五"时期文化发展改革规划》《文化部"十三五"时期文化科技创新规划》《国家"十三五"时期文化发展改革规划纲要》等多项政策文件。这些政策文件都对基层公共图书馆事业发展方向提出了明确要求。2016 年 12 月，文化部、财政部等五部门联合印发了《关于推进县级文化馆图书馆总分馆制建设的指导意见》，对基层公共图书馆总分馆建设提出了明确要求。

表 1-1 "十三五"时期国家基本公共文化服务指导标准（节录）

服务项目	保障标准	支出责任
设施开放	公共图书馆、文化馆（站）、公共博物馆（非文物建筑及遗址）、公共美术馆等公共文化设施免费开放，基本服务项目健全。	中央和省级财政通过转移支付对老少边穷地区基本公共文化服务保障资金予以补助，同时，对绩效评价结果优良的地区予以奖励。县级以上各级政府安排资金，面向社会力量购买公共文化服务。
读书看报	公共图书馆（室）、文化馆（站）和村（社区）（村指行政村，下同）综合文化服务中心（含农家书屋）等配备图书、报刊和电子书刊，并免费提供借阅服务。	
文化设施	县级以上（含县级，下同）在辖区内设立公共图书馆、文化馆，乡镇（街道）设置综合文化站，按照国家颁布的建设标准等进行规划建设。	
流动设施	根据基层实际，为每个县配备用于图书借阅、文艺演出、电影放映等服务的流动文化车，开展流动文化服务。	

本表摘自：中共中央办公厅、国务院办公厅印发《关于加快构建现代公共文化服务体系的意见》（全文）[EB/OL]．[2023-01-02]．http://www.gov.cn/xinwen/2015-01/14/content_2804250.htm?from=androidqq&from=timeline&isappinstalled=0&mType=Group.shtml.

表 1-2 "十三五"时期全国公共图书馆事业发展主要指标

类别	指标	单位	2015 年	2020 年
设施网络	公共图书馆达标率（部颁三级以上）	%	72.50	80
设施网络	每万人公共图书馆建筑面积	平方米	94.7	110
	阅览室座席数	万个	91.07	105
文献资源	人均公共图书馆藏书量	册	0.61	1
	人均公共图书馆年新增图书藏量	册	0.04	0.08
	人均公共图书馆购书经费	元	1.43	1.8
	县均公共图书馆数字资源	TB	—	5

续表

类别	指标		单位	2015 年	2020 年
服务效能	有效读者总人数		万人	5721	8000
	年流通人次		亿人次	5.89	8
	文献外借册次		亿册次	5.09	8
队伍建设	专业技术人员比例	高级职称	%	10.2	12.7
		中级职称		32.7	33

本表摘自：文化部关于印发《"十三五"时期全国公共图书馆事业发展规划》的通知［EB/OL］.［2023-01-02］. https://zwgk.mct.gov.cn/zfxxgkml/ghjh/202012/t20201204_906375. html.

1.3 西部地区基层公共图书馆发展策略研究的理论价值和实践意义

1.3.1 有利于因地制宜地发展西部图书馆事业

近年来，随着公共文化服务体系建设的逐步深化，我国基层公共图书馆事业发展得到了长足进步。在此期间，长三角、珠三角等东部沿海发达地区公共图书馆不论是基础设施建设、体系化建设，还是办馆效益、服务水平等均走在全国的前列，而且涌现出了诸如"深圳图书馆之城""东莞图书馆集群""苏州模式""禅城模式""杭州模式""嘉兴模式""温州城市书房""张家港网格化公共文化服务""上海百姓第三生活空间"等先进范例。

虽然这些成就为全国其他地区基层公共图书馆发展指明了方向，但西部地区受限于自身经济社会发展水平，并不能完全照搬发达地区成功经验。因此，本研究深入调研了西部地区基层公共图书馆的相关政策法规、馆舍建设、经费、人员、文献资源等多方面现状，结合西部地区人文地理和社会经济特点，力求提出一套因地制宜的可持续发展策略。

1.3.2　有利于推广基层公共图书馆的新技术、新业态

近些年，许多西部地区基层公共图书馆基于自身经济、社会、文化条件，探索出了许多适合本地经济社会基础的新技术与新业态。本研究通过广泛调研，考察了诸如陕西省安康市"24 小时书吧"等多地基层公共图书馆服务新技术、新业态，遴选出了一批具有推广价值的西部地区基层公共图书馆发展案例。这些图书馆发展案例不仅打破了以往的组织体系，而且通过新技术、新业态极大地提高了基层公共图书馆服务效能。这些新技术、新业态不仅能为西部地区基层公共图书馆未来发展提供新的业务增长点，还有助于构建完善的基层公共图书馆服务体系。

1.3.3　有利于弥合东西部之间的信息与经济鸿沟

基层公共图书馆是公共图书馆事业的基石，只有切实加强西部地区基层公共图书馆建设，保障西部地区人民群众的文化权益，才能促进我国公共图书馆事业均衡化、均等化发展目标的实现。当前我国西部地区基层公共图书馆事业发展远远落后于东中部地区，只有充分认识自身的不足，广泛借鉴国内外成功经验，才能够更好地弥补自身多年来的发展失衡，从而实现"后发赶超"。"十四五"期间，全面完善西部地区基层公共图书馆服务体系，有利于为当地居民提供学习场所，从而为西部地区经济、社会和文化发展提供必要的智力支持，最终为弥合东西部之间经济和信息的鸿沟做出应有贡献。因此，基于西部地区基层公共图书馆事业发展面临的现实条件和时代背景，制定合理的发展战略，不仅十分必要，而且非常迫切。

2 研究方法与研究综述

2.1 研究方法与思路

本书采用历史研究法、定量分析法、比较分析法、实地调查法、政策分析法等多种研究方法，选取和整理国内相关文献、数据及政策法规等资料，分析和梳理近些年西部地区基层公共图书馆发展所取得的成绩及未来发展方向。其中，问卷调研包括 68 个县级图书馆及其读者。

本书的主要研究思路是：首先通过实地调研、数据分析、问卷调查，详细总结"十三五"期间西部地区基层公共图书馆取得的成就、发展状况；然后通过对比分析欧美发达国家以及我国东部地区、西部地区基层公共图书馆的前沿动态，探讨西部地区基层公共图书馆发展的未来方向和内在动力；最后，在分析现状、未来发展方向的基础上，总结目前西部地区基层公共图书馆发展存在的问题症结，并提出相应的发展路径和策略。

2.2   研究综述

2.2.1   期刊论文研究

近年来学界对西部地区图书馆发展关注稍显不足，而对基层图书馆发展则高度关注。笔者检索 CNKI 数据库，截至 2020 年 7 月初，共得到有关西部公共图书馆的期刊论文 579 篇。发文趋势如图 2-1 所示。1995—1999 年相关学术论文只有 16 篇。随着 2000 年中央提出"西部大开发"战略，学界开始普遍关注西部地区公共图书馆发展，相关论文数量激增，但是 2003 年以后学界对于西部地区公共图书馆事业的关注开始下降，2004 年后常年相关发文数量维持在每年 20—30 篇左右。2016—2019 年有关西部地区公共图书馆的研究越来越少，特别是 2019 年以西部地区公共图书馆为主题的论文仅 2 篇。

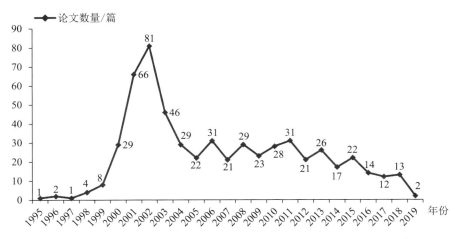

图 2-1   CNKI 以西部地区公共图书馆为主题的学术论文年度数量曲线

与以西部地区公共图书馆为主题的研究门可罗雀形成鲜明对比的

是长期以来学界对基层图书馆的关注。本研究在 CNKI 数据库以"基层""区""县""街道""村""镇""书屋"或"书吧"为检索词检索主题字段，同时要求主题字段包含"图书馆"，共检索得到 3374 篇以基层图书馆为主题的论文。如图 2-2 所示，2005 年以来，随着中央提出建设社会主义新农村的重大历史任务，以及《关于印发〈"农家书屋"工程实施意见〉的通知》等相关政策法规的不断颁布，基层图书馆相关研究受到持续关注，长期成为学界研究热点。

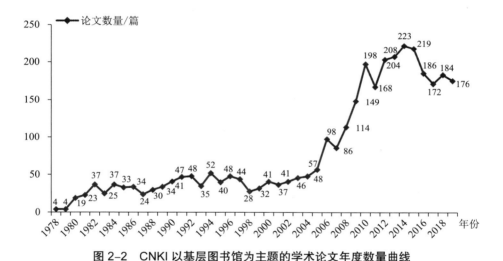

图 2-2　CNKI 以基层图书馆为主题的学术论文年度数量曲线

以往学界对西部地区基层公共图书馆的研究多以案例、调研报告等形式为主，探讨西部地区图书馆发展现状、制约性因素及政策建议，相关研究的内容主要可分为三个方面：①西部地区基层公共图书馆（室）现状及可持续发展策略。例如，2017 年张孝飞发表的《西藏农家书屋运行中问题分析及可持续发展对策研究》[①] 一文，通过调研提出西部地区农家书屋以需求导向进行资源配置、营造文化氛围鼓励阅读、改进考核评估标准等多项发展策略。②西部地区基层公共图书馆制度保障。例如，段小虎等在《图书馆论坛》发

---

① 张孝飞.西藏农家书屋运行中问题分析及可持续发展对策研究［J］.图书馆工作与研究，2017（5）:101-105.

表《西部贫困县图书馆"因素法"财政保障研究》^① 等系列相关论文，按照"因素法"提出西部地区基层公共图书馆财政、人员等保障机制。③西部地区总分馆制推进情况介绍和分析。例如，2014 年龙滔、周铭蓉发表的《"文化馆图书馆总分馆制"在重庆市大渡口区图书馆的实践——基于国家公共文化服务示范项目的探索》^② 一文，详细介绍了大渡口区图书馆通过整合文化资源、基层服务点推进文化馆图书馆总分馆制的实践经验。

2.2.2 专著研究

国内关于基层公共图书馆的研究专著较多，而专论西部地区基层公共图书馆的专著却是凤毛麟角。武汉大学图书馆学系早在 1975 年就编写了《基层图书馆工作》^③ 一书，介绍了基层图书馆工作的一般性问题。近些年，随着基层图书馆服务体系建设的推进，学界探讨新时期基层图书馆发展理论问题的专著也不断涌现。例如，霍瑞娟、刘锦山主编的《基层图书馆建设与服务创新》^④ 一书，通过专访和案例等展示了基层图书馆发展所取得的成果，以便各基层图书馆学习借鉴。同时，为构建完善的公共文化服务体系提供具体理论方案，规范基层图书馆建设，学界也编写出版了有关公共图书馆服务体系的专著。例如，邱冠华、于良芝、许晓霞撰写的《覆盖全社会的公共图书馆服务体系：模式、技术支撑与方案》^⑤，在系统地回顾国内外图书馆保障普遍均等服务的历史实践的基础上，介绍了近年来我国公共图书馆服务体系建设的主

---

① 段小虎,张梅,谢逸芸.西部贫困县图书馆"因素法"财政保障研究[J].图书馆论坛,2018(1):21-35.
② 龙滔,周铭蓉."文化馆图书馆总分馆制"在重庆市大渡口区图书馆的实践——基于国家公共文化服务示范项目的探索[J].图书馆,2014(3):31-34,46.
③ 武汉大学图书馆学系.基层图书馆工作[M].武汉:武汉大学出版社,1975.
④ 霍瑞娟,刘锦山.基层图书馆建设与服务创新[M].北京:国家图书馆出版社,2016.
⑤ 邱冠华,于良芝,许晓霞.覆盖全社会的公共图书馆服务体系:模式、技术支撑与方案[M].北京:北京图书馆出版社,2008.

要模式，并结合案例加以分析。从服务地区类型上来看，研究农村地区基层图书馆的专著成果较多，内容侧重实用性。例如：卢子博主编的《乡镇图书馆工作》①，面向乡镇图书馆工作者介绍了基层图书馆工作的基本知识和专业技能；王效良撰写的《基层图书馆的农村服务工作》②，在统筹指导工作、提供培训教材、创建总分馆制等方面为从地市级到村级的各级图书馆提供详尽的实践方案；方允璋撰写的《农家书屋实用手册》③，介绍了农家书屋的硬件设置、采集流通、分类排架、阅读推广等问题，以供实际工作者学习借鉴。对城市地区基层图书馆进行研究的专著并不多，有代表性的研究如王丽主编的《社区图书馆工作》④，介绍了包括文献资源、分类编目、读者工作、网络建设等社区图书馆基本工作。相对来说，学界专论西部地区基层图书馆发展的专著较少，但也不乏亮点。例如：祝丽君撰写的《西部县级公共图书馆发展战略研究》⑤，调研并分析了西部县级公共图书馆办馆条件、读者借阅状况、当前建设困难等问题；王月娥所著的《武陵山民族地区阅读文化建设研究》⑥，介绍了武陵山民族地区基本情况与读者阅读现状，对民族地区基层图书馆工作具有一定指导意义。

① 卢子博.乡镇图书馆工作［M］.北京:北京图书馆出版社,2000.
② 王效良.基层图书馆的农村服务工作［M］.北京:国家图书馆出版社,2010.
③ 方允璋.农家书屋实用手册［M］.北京:国家图书馆出版社,2010.
④ 王丽.社区图书馆工作［M］.厦门:厦门大学出版社,2005.
⑤ 祝丽君.西部县级公共图书馆发展战略研究［M］.成都:电子科技大学出版社,2008.
⑥ 王月娥.武陵山民族地区阅读文化建设研究［M］.成都:西南交通大学出版社,2018.

3　西部地区基层公共图书馆发展概况

"十三五"时期，西部地区公共图书馆事业以国家"十三五"规划纲要为方针，强化自身管理，锐意改革进取，取得了如下长足的发展和良好的成果：

（1）基础设施建设迈上新台阶，建设理念逐步紧跟时代节拍。至"十三五"末期，西部地区公共图书馆的办馆条件得到较大幅度改善，如表3-1所示，西部地区公共图书馆数量由 2015 年的 1196 个发展至 2018 年的 1209 个，增长率为 1.1%，超过东部地区 0.6% 的增长率。各地图书馆新馆建设方兴未艾，馆舍条件大幅改善，馆舍面积由 2015 年的 320 万平方米扩增到 2018 年的 373.5 万平方米。

（2）文献资源建设不断加强，资源类型多元化发展。西部地区公共图书馆馆藏数量由 2015 年的 17348 万册增加到 2018 年的 20337 万册。文献资源建设类型注重多元化发展的同时，也十分重视地方特色资源的建设。各馆通过上门征集、接受捐赠等多种形式不断丰富地方文献的入藏种类，同时持续加大特色文献专题数据库的建设力度。

表3-1 2015、2018年各地区公共图书馆事业发展基本状况

	机构数/个			工作人员数量/人			馆藏数量/万册（件）			馆舍面积/万平方米			经费拨款/万元			流通人次/万人次		
	2015年	2018年	增长率/%	2015年	2018年	增长率/%	2015年	2018年	增长率/%	2015年	2018年	增长率/%	2015年	2018年	增长率/%	2015年	2018年	增长率/%
东部	807	812	0.6	22369	23336	4.3	43079	54249	25.9	592	738.7	24.7	624047	939682	50.6	34975	47455	35.7
中部	1135	1154	1.7	17213	17171	-0.2	19899	25229	26.8	377	456	21.0	278817	378014	35.6	13205	20023	51.6
西部	1196	1209	1.1	15261	15651	2.6	17348	20337	17.2	320	373.5	16.9	298954	350285	17.2	10323	14008	35.7

注：表中的增长率率指2018年相较2015年的增长率。

数据来源：

①国家图书馆研究院. 中国公共图书馆事业发展基础数据概览2015 [M] .北京：国家图书馆，2016: 16-20.

②国家图书馆研究院. 中国公共图书馆事业发展基础数据概览2018 [M] .北京：国家图书馆，2019: 11-15.

（3）促进服务效能提升，服务结构实现重心转移。西部地区公共图书馆坚持以社会需求为导向，增强服务意识，拓展服务范围，优化服务结构，服务效能得以不断提升。流通人次由 2015 年的 10323 万人次提升至 2018 年的 14008 万人次，增长率为 35.7%，与东部地区相当。

（4）运行机制规范化调整，人才队伍建设得以加强。西部地区公共图书馆在当地政府及文化主管部门的大力支持和正确领导下，继续深化体制改革，完善内部管理，提高办馆效益。公共图书馆从业人员由 2015 年的 15261 人发展至 15651 人，增长率为 2.6%，高于中部地区。

在取得巨大进步的同时，"十三五"期间西部地区公共图书馆事业发展也遇到了许多新的困难与挑战。虽然"十三五"期间西部地区公共文化事业投入不断增加，但与其他地区相比，西部地区公共文化服务仍有不小的差距。例如，截至 2019 年，西藏自治区内依然缺少独立建制的县级公共图书馆，公共图书馆体系化建设止步于地市级图书馆。西部地区基层公共图书馆发展滞后的问题，在第六次全国县级以上公共图书馆评估定级工作中得到充分反映。

总之，"十三五"期间西部基层公共图书馆发展在取得良好成绩的同时，未来发展的道路依然任重道远。下文将从法律法规与政府支持、经费状况、馆舍条件、从业人员、文献资源、信息化及新媒体服务、服务效能、总分馆制、民族地区基层公共图书馆发展概况等九个方面简要介绍西部地区基层图书馆"十三五"期间的发展概况。

3.1 法律法规与政府支持

法律法规与政府支持是基层公共图书馆发展的根基。随着《中华人民共和国公共文化服务保障法》《中华人民共和国公共图书馆法》的颁布实施，各级人大、政府也纷纷出台地方性法规条例支持公共图书馆事业发展。这些法律法规为基层公共图书馆事业发展提供了有力法律保障。特别是《中华人民共和国公共图书馆法》第四条指出"县级以上人民政府应当将公共图书馆事业纳入本级国民经济和社会发展规划，将公共图书馆建设纳入城乡规划和土地利用总体规划，加大对政府设立的公共图书馆的投入，将所需经费列入本级政府预算，并及时、足额拨付"，为基层公共图书馆发展寻找财政、土地等政策支持提供了法律依据。

在本次调研的西部地区 68 家县级图书馆所在的区县中，有 23 个区县的人大通过了地方公共文化保障相关法规条文，占总数的 33.8%；有 22 个区县的人大通过了地方公共图书馆相关法规条文，占总数的 32.4%。在法律法规的保障下，有 53 个区县的地方政府近年来将公共图书馆发展纳入本地区国民经济和社会发展规划，占总数的 77.9%；有 59 个区县的地方政府近年来将公共图书馆发展纳入本地区文化改革发展规划纲要等文件，占总数的 86.8%；有 44 个区县的地方政府近年来将公共图书馆发展纳入本地区信息化建设相关规划，占总数的 64.7%；有 48 个区县的地方政府近年来将公共图书馆发展状况写入本地区政府年度工作报告中，占总数的 70.6%。总之，近些年西部地区区县一级人大、政府对公共图书馆事业发展的重视程度和支持力度有前所未有的提高。

3.2　经费状况

各级政府的财政经费保障是基层公共图书馆履行公共文化服务职能的物质基础。"十三五"期间，从中央到地方各级财政对西部基层公共图书馆的投入不断增加，西部基层公共图书馆事业也因此获得快速发展，取得了令人瞩目的巨大成就。如表 3–2 所示，2019 年西部地区县级公共图书馆馆均经费达到 148.9 万，其中除重庆市的县级公共图书馆馆均经费为 542.2 万元超过全国平均水平外，其他各省（自治区）的县级公共图书馆馆均经费都远低于全国平均水平。其中，广西 107.2 万元、四川 164.5 万元、贵州 107.9 万元、西藏 24.3 万元、内蒙古 170.2 万元、云南 142.6 万元、陕西 196.3 万元、甘肃 126.2 万元、青海 68.9 万元、宁夏 222.3 万元、新疆 100.6 万元。2015—2019 年西部地区大部分县级公共图书馆馆均财政经费有不同程度的增长，其中西藏增长率最高，为 77.4%，新疆则是唯一经费负增长的省份，增长率为 −8.5%。此外，四年间西部地区县级公共图书馆馆均经费 28.4% 的增长率依然低于全国 43.2% 的平均水平，与其他地区的馆均经费差距有所拉大。

表 3-2　2015—2019 年西部地区县级公共图书馆馆均经费

	馆均经费 / 万元					增长率 /%
	2015 年	2016 年	2017 年	2018 年	2019 年	
全国	186.6	218.2	251.3	267.2	279.8	49.9
西部	116.0	130.0	147.1	148.9	148.9	28.4
广西	81.3	89.1	107.1	123.7	107.2	31.9
重庆	370.5	448.7	493.1	518.4	542.2	46.3
四川	145.9	138.5	152.5	156.4	164.5	12.7
贵州	62.2	77.8	133.0	138.4	107.9	73.5
西藏	13.7	17.1	25.0	24.8	24.3	77.4
内蒙古	145.3	174.5	184.0	170.9	170.2	17.1
云南	103.5	129.7	137.8	140.8	142.6	37.8
陕西	135.6	144.8	159.6	176.6	196.3	44.8
甘肃	99.4	118.3	131.0	122.5	126.2	27.0
青海	55.6	69.8	89.7	93.6	68.9	23.9
宁夏	145.6	154.1	279.6	192.0	222.3	52.7

	馆均经费 / 万元					增长率 /%
	2015 年	2016 年	2017 年	2018 年	2019 年	
新疆	109.9	120.2	105.8	102.8	100.6	−8.5

注：表中的增长率是指 2019 年相较 2015 年的增长率。

数据来源：

①国家图书馆研究院 . 中国公共图书馆事业发展基础数据概览 2015 ［M］. 北京：国家图书馆，2016：29.

②国家图书馆研究院 . 中国公共图书馆事业发展基础数据概览 2016 ［M］. 北京：国家图书馆，2017：24.

③国家图书馆研究院 . 中国公共图书馆事业发展基础数据概览 2017 ［M］. 北京：国家图书馆，2018：24.

④国家图书馆研究院 . 中国公共图书馆事业发展基础数据概览 2018 ［M］. 北京：国家图书馆，2019：25.

⑤国家图书馆研究院 . 中国公共图书馆事业发展基础数据概览 2019 ［M］. 北京：国家图书馆，2020：25.

"十三五"期间西部地区基层公共图书馆人均新增藏量购置费也有所增长。如表 3-3 所示，2015—2019 年西部地区县级公共图书馆人均新增藏量购置费由 0.31 元增长到 0.37 元，增长率为 19.4%。各省（自治区、直辖市）中，广西、重庆、四川、贵州、内蒙古、陕西、宁夏和西藏保持增长，其中宁夏增长率最高，为 200%，增长率最低的贵州的增长率为 1.7%；同时云南、甘肃、青海和新疆则出现负增长情况，增长率分别为 −4.4%、−3.8%、−75%、−36.4%。2019 年全国县级公共图书馆人均新增藏量购置费为 0.64 元，2015—2019 年增长率为 45.5%，所以西部地区的这两项指标都落后于全国同期水平；而《"十三五"时期全国公共图书馆事业发展规划》中提出全国公共图书馆的人均购书经费指标为 1.8 元（2020 年），对此西部地区仍有很大的差距。

表 3-3　2015—2019 年西部地区县级公共图书馆人均新增藏量购置费

	人均新增藏量购置费 / 万元		增长率 /%
	2015 年	2019 年	
全国	0.44	0.64	45.5
西部	0.31	0.37	19.4
广西	0.16	0.21	31.3
重庆	0.68	0.76	11.8
四川	0.32	0.33	3.1
贵州	0.15	0.40	1.7
云南	0.23	0.22	-4.4
内蒙古	0.27	0.50	85.2
陕西	0.34	0.43	26.5
甘肃	0.26	0.25	-3.8
青海	0.72	0.18	-75.0
宁夏	0.51	1.53	200.0
新疆	0.33	0.21	-36.4
西藏	0.47	0.70	48.9

注：表中的增长率是指 2019 年相较 2015 年的增长率。

数据来源：

①国家图书馆研究院. 中国公共图书馆事业发展基础数据概览 2015［M］. 北京：国家图书馆，2016：29-30.

②国家图书馆研究院. 中国公共图书馆事业发展基础数据概览 2019［M］. 北京：国家图书馆，2020：25-26.

3.3 馆舍条件

馆舍是公共图书馆为读者开展各项服务的主要阵地和基本保障。基层公共图书馆只有拥有良好的馆舍条件和完备的服务设施，才能为读者打造温馨舒适的阅读环境，提供丰富多彩的活动体验。如表 3-4 所示，"十三五"期间西部地区基层公共图书馆馆舍建设取得了长足的进步。2015—2019 年西部地区县级公共图书馆馆均建筑面积由 1900 平方米增加到 2300 平方米，增长率为 21.1%，每万人建筑面积由 53.7 平方米增长加到 64.5 平方米，增长率为20.1%，馆均少儿阅览席位数由 45 个增加到 58 个，增长率为 28.9%。

表 3-4　2015—2019 年全国各地区县级公共图书馆馆舍状况对比

	馆均建筑面积 /平方米		增长率 /%	每万人建筑面积 / 平方米		增长率 /%	馆均少儿阅览席位 / 个		增长率 /%
	2015 年	2019 年		2015 年	2019 年		2015 年	2019 年	
全国	2700	3500	29.6	53.7	69.6	29.6	59	75	27.1
东部	4900	6800	38.8	69.3	95.5	37.8	88	112	27.3
中部	2000	2600	30.0	38.8	50.7	30.7	54	67	24.1
西部	1900	2300	21.1	53.7	64.5	20.1	45	58	28.9

注：表中的增长率是指 2019 年相较 2015 年的增长率。
数据来源：
①国家图书馆研究院 . 中国公共图书馆事业发展基础数据概览 2015［M］. 北京：国家图书馆，2016：29-30.
②国家图书馆研究院 . 中国公共图书馆事业发展基础数据概览 2019［M］. 北京：国家图书馆，2020：25-26.

虽然 2015—2019 年西部地区县级公共图书馆馆舍每万人建筑面积年均增长率为 4.69%，高于《"十三五"时期全国公共图书馆事业发展规划》中每万人建筑面积年均增长 3.1% 的目标，但低于 6.70% 的全国每万人建筑面积实际年均增长率。值得肯定的是，2015—2019 年西部地区县级公共图书馆馆均少儿阅览席位数增长率较高，为 28.9%，而东、中部地区增长率分别为 27.3%、24.1%。同时，表 3-4 中的数据也表明，"十三五"期间西部地区县级公共图书馆的馆舍建设增速较慢，与东、中部地区县级公共图书馆的馆舍建设差距不断拉大。2015—2019 年西部地区县级公共图书馆馆均建筑面积增长率为 21.1%，而东、中部地区增长率分别为 38.8%、30%；同时，西部地区县级公共图书馆每万人建筑面积增长率为 20.1%，而东、中部地区增长率分别为 37.8%、30.7%。

最后，2015—2019 年西部各省（自治区、直辖市）内县级公共图书馆馆舍建设发展也存在一定差异。如表 3-5 所示：2019 年西部 12 省（自治区、直辖市）中，重庆市县级公共图书馆的馆均面积最大，达到 7700 平方米，西藏的馆均面积最小，为 300 平方米，其他各省（自治区、直辖市）中，内蒙古为 2400 平方米、广西 1900 平方米、四川 2600 平方米、贵州 2300 平方米、云南 2000 平方米、陕西 2300 平方米、甘肃 2100 平方米、青海 1000 平方米、宁夏 3200 平方米、新疆 2100 平方米；从 2015—2019 年馆均面积增长情况看，宁夏和青海两地区增速最快，增长率达到 60% 以上，但是西藏的馆均面积零增长，重庆则甚至出现负增长的情况，其他省（自治区、直辖市）的馆均面积增长率分别为内蒙古 50%、广西 12%、四川 24%、贵州 28%、云南 11%、陕西 53.3%、甘肃 40%、新疆 23.5%。

表 3-5　2019 年西部地区县级公共图书馆馆均面积情况

	内蒙古	广西	重庆	四川	贵州	云南
馆均面积 / 平方米	2400	1900	7700	2600	2300	2000
增长率 /%	50.0	12.0	−18.9	24.0	28.0	11.0
	西藏	陕西	甘肃	青海	宁夏	新疆
馆均面积 / 平方米	300	2300	2100	1000	3200	2100
增长率 /%	0.0	53.3	40.0	66.6	60.0	23.5

　　注：表中的增长率是指 2019 年相较 2015 年的增长率。

　　数据来源：国家图书馆研究院 . 中国公共图书馆事业发展基础数据概览 2019［M］. 北京：国家图书馆，2020：25.

3.4　从业人员

　　在各项发展指标中，从业人员相关指标是西部地区基层公共图书馆与全国基层公共图书馆平均差距最小的指标。

　　从馆均人员数量方面看，西部地区基层公共图书馆与全国平均指标差距较小。如表 3-6 所示，2017 年西部地区县级公共图书馆从业人员共 9643 人，占全国县级公共图书馆从业人员总数的 29.2%，馆均从业人数与全国平均馆均从业人数相差 2.9 人。其中广西 759 人、重庆 654 人、四川 1428 人、贵州 626 人、西藏 120 人、内蒙古 1221 人、云南 1146 人、陕西 1532 人、甘肃 933 人、青海 218 人、宁夏 292 人、新疆 714 人。同时，西部地区县级公共图书馆馆均从业人员 9.1 人，低于全国馆均的 12 人，其中重庆馆均人员最多，为 16 人，西藏馆均人员最少，只有 1.6 人，其他各省（区）县级公共图书馆馆均人员数据为广西 7.8 人、四川 7.9 人、贵州 7.2 人、内蒙古 11.7 人、云南

8.7 人、陕西 15 人、甘肃 10.9 人、青海 5.3 人、宁夏 14.6 人、新疆 7.8 人。

表 3-6 2017 年西部地区县级公共图书馆从业人员数

	全国	西部	广西	重庆	四川	贵州	西藏
从业人员总数 / 人	33104	9643	759	654	1428	626	120
馆均从业人员 / 人	12.0	9.1	7.8	16.0	7.9	7.2	1.6
	内蒙古	云南	陕西	甘肃	青海	宁夏	新疆
从业人员总数 / 人	1221	1146	1532	933	218	292	714
馆均从业人员 / 人	11.7	8.7	15.0	10.9	5.3	14.6	7.8

数据来源：中华人民共和国文化和旅游部 . 中国文化文物统计年鉴 2018［M］. 北京：国家图书馆出版社，2018：106.

从技术人员职称结构角度看，西部地区基层公共图书馆和全国平均指标差距并不明显。如表 3-7 所示，2017 年西部地区县级公共图书馆从业人员共有正高级职称 27 人、副高级职称 660 人、中级职称 2991 人，分别占西部地区县级图书馆从业人员的 0.28%、6.84%、31.05%。这些指标与全国平均指标差距均不大，甚至有副高级职称人员比例全国最高。其中，高级职称宁夏 1 人、新疆 0 人、广西 0 人、重庆 10 人、内蒙古 1 人、云南 1 人、陕西 2 人、甘肃 1 人、贵州 4 人、西藏 2 人、四川 5 人、青海 0 人；副高级职称宁夏 9 人、新疆 52 人、广西 52 人、重庆 46 人、内蒙古 155 人、云南 254 人、陕西 27 人、甘肃 35 人、贵州 29 人、西藏 2 人、四川 28 人、青海 8 人；中级职称宁夏 96 人、新疆 227 人、广西 543 人、重庆 153 人、内蒙古 405 人、云南 477 人、陕西 391 人、甘肃 191 人、贵州 136 人、西藏 2 人、四川 299人、青海 71 人。

表3-7　2017年各地区县级公共图书馆从业人员职称结构

职称类别	全国		西部		东部		中部	
	人数/人	比重/%	人数/人	比重/%	人数/人	比重/%	人数/人	比重/%
正高级职称人数	132	0.40	27	0.28	55	0.44	50	0.46
副高级职称人数	1994	6.00	660	6.84	633	5.02	701	6.47
中级职称人数	9601	29.00	2991	27.50	3562	28.20	3388	31.30

职称类别	宁夏		新疆		广西		重庆	
	人数/人	比重/%	人数/人	比重/%	人数/人	比重/%	人数/人	比重/%
正高级职称人数	1	0.34	0	0.00	0	0.00	10	1.53
副高级职称人数	9	3.08	52	7.28	52	6.85	46	7.03
中级职称人数	96	32.88	227	31.79	543	71.54	153	23.39

职称类别	内蒙古		云南		陕西		甘肃	
	人数/人	比重/%	人数/人	比重/%	人数/人	比重/%	人数/人	比重/%
正高级职称人数	1	0.08	1	0.09	2	0.13	1	0.11
副高级职称人数	155	12.69	254	22.16	27	1.76	35	3.79
中级职称人数	405	33.17	477	41.62	391	25.52	191	20.69

职称类别	贵州		西藏		四川		青海	
	人数/人	比重/%	人数/人	比重/%	人数/人	比重/%	人数/人	比重/%
正高级职称人数	4	0.64	2	1.67	5	0.35	0	0.00
副高级职称人数	29	4.63	2	1.67	28	1.96	8	3.67
中级职称人数	136	21.73	2	1.67	299	20.94	71	32.57

数据来源：中华人民共和国文化和旅游部．中国文化文物统计年鉴2018［M］．北京：国家图书馆出版社，2018：106.

3.5 文献资源

丰富的文献资源是基层公共图书馆开展图书借阅等服务的基础。如表 3-8 所示，虽然"十三五"期间西部地区县级公共图书馆馆均文献藏量由 2015 年 8.67 万册增加到 2019 年 11.18 万册，增长率为 28.9%，然而无论是馆均藏量，还是增长速度都低于全国同期各项指标。其中，广西馆均文献藏量 13.21 万册、增长率 7.3%，重庆馆均文献藏量 34.38 万册、增长率 58.7%，四川馆均文献藏量 12.55 万册、增长率 31%，贵州馆均文献藏量 11.61 万册、增长率 32.8%，云南馆均文献藏量 10.93 万册、增长率 22.5%，内蒙古馆均文献藏量 10.08 万册、增长率 37%，西藏馆均文献藏量 1.75 万册、增长率 82.3%，陕西馆均文献藏量 10.88 万册、增长率 50.3%，甘肃馆均文献藏量 9.95 万册、增长率 32.3%，青海馆均文献藏量 4.59 万册、增长率 20.2%，宁夏馆均文献藏量 16.92 万册、增长率 13%，新疆馆均文献藏量 8.06 万册、增长率 0.25%。

表 3-8   2015—2019 年西部地区县级公共图书馆馆均文献藏量

	馆均文献藏量 / 万册		增长率 /%
	2015 年	2019 年	
全国	14.16	20.29	43.2
西部	8.67	11.18	28.9
广西	12.31	13.21	7.3
重庆	21.66	34.38	58.7
四川	9.58	12.55	31.0
贵州	8.74	11.61	32.8
云南	8.92	10.93	22.5

	馆均文献藏量 / 万册		增长率 /%
	2015 年	2019 年	
内蒙古	7.36	10.08	37.0
西藏	0.96	1.75	82.3
陕西	7.24	10.88	50.3
甘肃	7.52	9.95	32.3
青海	3.82	4.59	20.2
宁夏	14.97	16.92	13.0
新疆	8.04	8.06	0.02

注：表中的增长率是指 2019 年相较 2015 年的增长率。

数据来源：

①国家图书馆研究院 . 中国公共图书馆事业发展基础数据概览 2015［M］. 北京：国家图书馆，2016：29.

②国家图书馆研究院 . 中国公共图书馆事业发展基础数据概览 2019［M］. 北京：国家图书馆，2020：25.

　　西部地区县级公共图书馆人均藏书量如表 3-9 所示，"十三五"期间由 2015 年 0.25 册增加到 2019 年 0.31 册，年均增长率为 5.53%，然而无论是人均藏量，还是增长速度，西部地区平均值都低于全国同期各项指标。其中，重庆、内蒙古、宁夏的人均藏书量历年均高于全国及西部地区平均水平。西藏人均藏书量的增长速度是西部地区第一，年均增长率为 13.88%。2019 年，内蒙古人均藏书量为 0.41 万册，年均增长率为 8.12%；广西人均藏书量为 0.26 万册，年均增长率为 2.02%；重庆人均藏书量为 0.45 万册，年均增长率为 11.61%；四川人均藏书量为 0.27 万册，年均增长率为 6.48%；贵州人均藏书量为 0.28 万册，年均增长率为 7.46%；云南人均藏书量为 0.30 万册，年均增长率为 4.66%；西藏人均藏书量为 0.37 万册，年均增长率为 13.88%；陕西人均藏书量为 0.29 万册，年均增长率为 11.15%；甘肃人均藏书量为 0.32 万册，年均增长率为 6.37%；青海人均藏书量为 0.33 万册，年均增长率为 5.14%；

宁夏人均藏书量为 0.51 万册，年均增长率为 3.18%；新疆人均藏书量为 0.29 万册，年均增长率为 –1.65%。与"十三五"时期全国公共图书馆事业发展主要指标要求的 2020 年达到人均公共图书馆藏书量 1 册相比，无论是全国人均 0.40 册，还是西部地区人均 0.31 册，都与指标要求存在较大差距。

表 3-9 2015—2019 年西部地区县级公共图书馆人均藏书量

	人均藏书量 / 册		年均增长率 /%
	2015 年	2019 年	
全国	0.28	0.40	9.33
西部	0.25	0.31	5.53
广西	0.24	0.26	2.02
重庆	0.29	0.45	11.61
四川	0.21	0.27	6.48
贵州	0.21	0.28	7.46
云南	0.25	0.30	4.66
内蒙古	0.30	0.41	8.12
西藏	0.22	0.37	13.88
陕西	0.19	0.29	11.15
甘肃	0.25	0.32	6.37
青海	0.27	0.33	5.14
宁夏	0.45	0.51	3.18
新疆	0.31	0.29	-1.65

数据来源：
①国家图书馆研究院.中国公共图书馆事业发展基础数据概览 2015［M］.北京：国家图书馆，2016：29.
②国家图书馆研究院.中国公共图书馆事业发展基础数据概览 2019［M］.北京：国家图书馆，2020：25.

人均年新增图书藏量上，如表 3-10 所示，2019 年西部地区基层公共图书馆人均年新增图书藏量为 0.017 册，仅达到全国平均值的 56.67%，且无一省份人均年新增图书藏量高于全国平均水平。其中重庆、西藏的基层公共图书馆人均年新增图书藏量最高，均为 0.026 册。与"十三五"时期全国公共图书馆事业发展指标要求的 2020 年人均年新增图书藏量达到 0.08 册相比，所调查的西部基层公共图书馆 2019 年人均年新增图书藏量平均值为 0.017 册，未达到指标标准；同时，根据国家图书馆研究院《中国公共图书馆事业发展基础数据概览 2019》，2019 年全国基层公共图书馆人均年新增图书藏量为 0.03 册，离"十三五"发展指标要求 2020 年人均年新增图书藏量 0.08 册还有不小的差距。这不仅与 2018 年购书经费缩减有关，也与近年来纸质图书价格上涨有关。在全国基层公共图书馆人均年新增图书藏量均未达标的情况下，西部地区基层公共图书馆人均年新增图书藏量不足现象尤为突出，在文献资源保障方面与国家要求存在较大差距，文献资源建设工作任重道远。

表 3-10　2019 年西部地区基层公共图书馆人均年新增图书藏量

单位：册

全国	西部	广西	重庆	四川	贵州	云南
0.030	0.017	0.016	0.026	0.017	0.016	0.010
内蒙古	西藏	陕西	甘肃	青海	宁夏	新疆
0.017	0.026	0.008	0.012	0.020	0.016	0.015

数据来源：国家图书馆研究院.中国公共图书馆事业发展基础数据概览 2019［M］.北京：国家图书馆，2020：25.

同时，笔者调研了 2015—2019 年西部地区 60 余家基层公共图书馆的纸质文献、数字资源和特藏文献的收藏状况。

在纸质文献方面，2019 年，53.49% 的基层公共图书馆的普通中文书年采购量有所增长，9.3% 的图书馆的普通中文书年采购量与 2015 年相当，37.21% 的图书馆的普通中文书年采购量有不同程度的下跌；62.79% 的图书馆的期刊年采购量有所增长，4.65% 的图书馆的期刊年采购量与 2015 年相当，32.56% 的图书馆的期刊年采购量少于 2015 年；62.79% 的图书馆的报纸年采购量有所增长，11.63% 的图书馆的报纸年采购量与 2015 年相当，25.58% 的图书馆的报纸年采购量少于 2015 年。

在数字资源方面，此次参与调查的基层公共图书馆中平均现有电子图书9.33 万种，其中 4 家图书馆无电子图书，占比 5.88%；平均现有电子期刊 0.55万种，其中 25.37% 的图书馆无电子期刊；平均现有电子报纸 114 种，其中36.76% 的图书馆无电子报纸；平均现有数据库 4.32 个，其中 26.47% 的图书馆无数据库；平均购买数据库 1.79 个，35.29% 的图书馆未购买数据库；平均自建数据库 2.57 个，52.94% 的图书馆无自建数据库。新型数字化设备方面，如图 3–1 所示，73.53% 的基层图书馆采购并使用了"听书"等新型数字资源服务读者，26.47% 的图书馆没有采用此类设备。

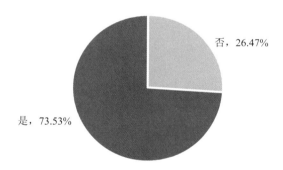

否，26.47%

是，73.53%

图 3–1　图书馆是否使用"听书"等新型数字资源服务读者

数据来源：本课题组于 2020 年对西部地区 68 个县级公共图书馆所做的调查问卷。

在古籍善本及地方文献等特藏文献方面，此次参与调查的基层公共图书馆中平均馆藏古籍 2523 册，其中善本 510 册，平均征集、接受捐赠的地方文献 3448 册。其中重庆市北碚区图书馆古籍总藏量最多，达到 101041 册，其中 20.78% 为善本，四川犍为县、三台县图书馆古籍总藏量分别达 20185册、6473 册。地方文献方面，甘肃省兰州市西固区图书馆总藏量最多，达到60000 册，青海省海西蒙古族藏族自治州图书馆、四川省达州市达川区图书馆的地方文献也分别达到 43000 册、20000 册。

3.6 信息化及新媒体服务

信息化、数字化、智能化是传统图书馆向智慧图书馆转变的必由之路，而随着读者阅读习惯由电脑端向手机端转移，新媒体服务成为图书馆拓展服务的新型手段。如表 3-11 所示，从 2015 到 2019 年西部地区县级公共图书馆馆均电子阅览室终端数量由 30 台增加到 33 台，增长率为 10%；图书馆官方网站访问量由馆均 6.3 万页次增加到 8.17 万页次，增长率为 33.3%。同时，本书调研时发现虽然西部地区仅有 3% 的县级公共图书馆没有独立的电子阅览室，但仍有 29.4% 的县级公共图书馆没有官方网站。

表 3-11　西部地区县级公共图书馆电子阅览室及官方网站情况

	馆均电子阅览室终端数量 / 台		增长率 /%	馆均网站访问量 / 万页次		增长率 /%
	2015 年	2019 年		2015 年	2019 年	
全国	34	38	11.8	7	10.28	46.9
东部	44	54	22.7	14.3	22.33	56.2
中部	30	33	10.0	2.6	4.25	80.8
西部	30	33	10.0	6.3	8.17	33.3

注：表中的增长率是指 2019 年相较 2015 年的增长率。
数据来源：
①国家图书馆研究院 . 中国公共图书馆事业发展基础数据概览 2015［M］. 北京：国家图书馆，2016：30.
②国家图书馆研究院 . 中国公共图书馆事业发展基础数据概览 2019［M］. 北京：国家图书馆，2020：26.

其次，本书还调研了西部地区 68 家县级公共图书馆采用其他信息化、数字化、智能化服务与设备的情况，发现西部地区县级公共图书馆采用新技术、新设备的比例过低。这 68 家县级公共图书馆中，有 58 家使用图书馆自动化管理和编目系统，占总数的 85.3%；有 26 家采用 RFID 及自助借还系统，占总数的 38.2%；只有 21 家采购与使用 VR、AR、3D、"朗读吧"等新型数字文化设备，占总数的 30.9%；有 24 家通过"24 小时书吧"等新型数字文化设施服务读者，占总数的 35.3%。

最后，西部地区基层公共图书馆的新媒体服务总体发展较差。根据山东省图书馆参考咨询部编制的《全国县级公共图书馆微信微博监测月报》2019 年上半年数据，分析西部地区县级图书馆微信、微博等新媒体服务情况。从微信服务情况看，全国 2744 个县级图书馆共开通微信公众号 2017 个，而西部地区县级图书馆仅开通 470 个公众号，占全国县级馆公众号总数的 23.3%。其中，西部地区县级图书馆微信订阅号影响力排名在全国前 10 位的仅有甘肃省敦煌市"书香敦煌"，影响力排名在前 100 位的共 12 家，其中陕西 6 家、甘肃 2 家、四川 3 家、内蒙古 1 家；西部地区无县级图书馆微信服务号影响力进入全国前 10 位，西部地区县级图书馆服务号共 12 家影响力进入全国前 100 位，其中重庆 6 家、陕西 1 家、贵州 1 家、四川 1 家、云南 1 家、甘肃 2 家。从微博统计情况看，全国开通微博账号的县级图书馆共 291 个，占所有机构数的 10.6%，其中东部地区占据一半以上；从开通比例上看，西部地区除了重庆为 48.8%，其他省份均为 10% 以下；从粉丝数来看，西部地区县级图书馆的微博账号粉丝数普遍在 100 以下；从微博影响力指数来看，西部地区仅鄂尔多斯市东胜区图书馆微博影响力指数进入全国前 10 位。

3.7　服务效能

"十三五"期间西部地区基层公共图书馆各项服务效能指标得到明显提升，各项服务覆盖的人数不断增长。如表 3-12 所示，2015—2019 年西部地区县级图书馆馆均流通人次由 5.55 万人次增长到 7.49 万人次，增长率 34.95%；馆均书刊外借册次由 4.49 万册次增长到 5.41 万册次，增长率 20.49%；馆均活动参与人数由 0.78 万人次增长到 1.07 万人次，增长率 37.18%。近些年各类阅读推广、培训讲座已经成为公共图书馆服务读者、吸引读者的新增长点，而在各类指标中，西部地区县级公共图书馆的馆均活动参与人次增长率和全国平均增长率差距最大。

表 3-12　2015—2019 年全国各地区县级公共图书馆服务效能

	馆均流通人次 /万人次		增长率 /%	馆均书刊外借册次 / 万册次		增长率 /%	馆均活动参与人次 / 万人次		增长率 /%
	2015年	2019年		2015年	2019年		2015年	2019年	
全国	11.80	19.21	62.80	9.28	13.42	44.61	1.01	2.13	110.89
东部	29.12	47.84	64.29	22.07	31.95	44.77	1.90	5.11	168.95
中部	6.43	11.85	84.29	5.51	9.11	65.34	0.64	1.18	84.38
西部	5.55	7.49	34.95	4.49	5.41	20.49	0.78	1.07	37.18

注：表中的增长率是指 2019 年相较 2015 年的增长率。

数据来源：

①国家图书馆研究院 . 中国公共图书馆事业发展基础数据概览 2015［M］. 北京：国家图书馆，2016：30.

②国家图书馆研究院 . 中国公共图书馆事业发展基础数据概览 2019［M］. 北京：国家图书馆，2020：26.

西部地区各县级公共图书馆在服务效能方面也存在巨大差异。如图 3-2 所示，2019 年重庆市的县级公共图书馆馆均流通人次、馆均书刊外借册次、馆均活动参与人次远高于其他西部省份，分别为 32.1 万人次、28.89 万册次、4.95 万人次，陕西、广西、宁夏等省（自治区）的各项指标较为接近，而西藏、青海、新疆三省（自治区）各项指标则远低于其他省份。同时，西部 12 省（自治区、直辖市）中也只有重庆市基层公共图书馆各项指标达到全国平均指标，而其他 11 省（自治区）的基层公共图书馆的馆均流通人次、馆均书刊外借册次、馆均活动参与人次均落后于全国平均水平。

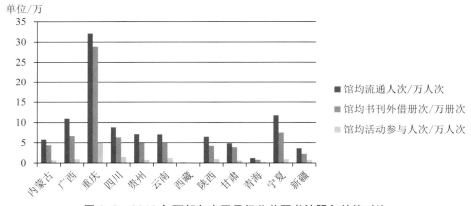

图 3-2　2019 年西部各省区县级公共图书馆服务效能对比

数据来源：国家图书馆研究院 . 中国公共图书馆事业发展基础数据概览 2019［M］. 北京：国家图书馆，2020：26.

3.8　总分馆制

2016 年 12 月，文化部等五部委联合印发《关于推进县级文化馆图书馆总分馆制建设的指导意见》后，西部地区各省（自治区、直辖市）纷纷推出相关政策落地方案和意见。例如，甘肃省出台《甘肃省关于推进县级文化馆、图书馆总分馆制建设方案》、陕西省发布《陕西省关于推进县级文化馆图书馆总分馆制建设的实施意见》，云南省发布《云南省县级图书馆总分馆制建设试点实施方案》，青海省发布《青海省关于推进县级文化馆图书馆总分馆制建设的实施意见》，重庆市文化和旅游发展委员会发布《关于推进区县文化馆图书馆总分馆制建设的实施意见》，四川省出台《四川省县级文化馆图书馆总分馆制建设实施方案》，内蒙古自治区发布《锡林郭勒盟全面推进文化馆图书馆总分馆制建设的实施意见》。

西部地区以相关政策意见为依托，总分馆制普遍以县（市、区）图书馆为总馆，以乡镇（街道）综合文化站图书馆（室）、村（社区）综合性文化服务中心图书馆为分馆或基层服务点，并统筹农家书屋、共享工程及其他社会资源设立基层服务点。目前各地建设初见成效。如表3-13所示，截至2019年，西部12省（自治区、直辖市）共建设分馆10510个，比"十二五"末期的2015年增加了9170个，其中甘肃省的分馆建设数量最多，达到4350个。

表 3-13　西部地区各省（自治区、直辖市）公共图书馆分馆建设情况

	公共图书馆分馆建设数量 / 个		增长量 / 个
	2015 年	2019 年	
内蒙古	233	1081	848
广西	31	123	92
重庆	232	1410	1178
四川	249	845	596
贵州	143	577	434
云南	171	622	451
西藏	1	122	121
陕西	196	1064	868
甘肃	28	4350	4322

续表

	公共图书馆分馆建设数量 / 个		增长量 / 个
	2015 年	2019 年	
青海	1	43	42
宁夏	10	85	75
新疆	45	188	143

数据来源：

①国家图书馆研究院．中国公共图书馆事业发展基础数据概览 2015［M］.北京：国家图书馆，2016：29.

②国家图书馆研究院．中国公共图书馆事业发展基础数据概览 2019［M］.北京：国家图书馆，2020：25.

"十三五"期间西部地区公共图书馆总分馆制推进取得了可喜的成绩，如表 3-14 所示，2015—2019 年西部地区县级公共图书馆分馆增长率全国最高，达到 684%。然而，西部地区公共图书馆总分馆建设由于起步晚、基础薄弱，相对于东、中地区公共图书馆分馆数量仍有不小的差距，分馆建设总量、县（区）均分馆数等指标在各地区中依然是最少的。

表 3-14 2015—2019 年全国各地区县级公共图书馆总分馆建设情况

	分馆数量 / 个		增长率 /%	县均分馆数量 / 个		增长率 /%
	2015 年	2019 年		2015 年	2019 年	
东部	5173	13223	156	7.5	19.2	156
中部	2440	11551	373	2.5	11.6	373
西部	1340	10510	684	1.3	10.0	684

注：表中的增长率是指 2019 年相较 2015 年的增长率。

数据来源：

①国家图书馆研究院．中国公共图书馆事业发展基础数据概览 2015［M］.北京：国家图书馆，2016：29.

②国家图书馆研究院．中国公共图书馆事业发展基础数据概览 2019［M］.北京：国家图书馆，2020：25.

3.9　民族地区基层公共图书馆发展概况

我国是多民族国家，而西部地区又是我国少数民族聚集区。目前我国共有 5 个少数民族自治区、30 个自治州、120 个自治县（旗），其中西部地区就有 5 个少数民族自治区、27 个自治州、83 个自治县（旗）。为了更好地了解西部民族地区基层公共图书馆发展现状，指导未来西部民族地区基层公共图书馆发展，本书调研分析了青海省玉树藏族自治州（简称"玉树州"）和新疆维吾尔自治区伊犁哈萨克自治州（简称"伊犁州"）的 14 家基层公共图书馆的发展概况。

调研数据表明，民族地区基层公共图书馆发展状况总体非常薄弱，表现为人员、经费、馆舍等多项投入不足[①]。如表 3-15 所示，玉树州及伊犁州的 14 家基层公共图书馆中有 1 家县级图书馆未参加第六次全国县级以上公共图书馆评估定级工作（简称"第六次评估定级"），3 家县级图书馆未上等级，7 家被评为三级图书馆，3 家被评为二级图书馆。14 家县级图书馆平均从业人员 6.4 人，少数民族工作人员占比范围为 33.3% 至 100%。2019 年有 2 家图书馆未获财政拨款，8 家图书馆获得的财政拨款不足 20 万元。同时，各地区馆舍建设差距巨大，如曲麻莱县图书馆的馆舍面积仅有 60 平方米，而奎屯市图书馆的馆舍面积则高达 9427 平方米。民族地区基层公共图书馆急需财政投入的增加，以便切实发挥图书馆服务效能。

---

① 阿玉孜曼. 少数民族地区图书馆为弱势群体阅读服务的实践和探索——以新疆巴音郭楞蒙古自治州图书馆为例［J］. 西域图书馆论坛，2015（3）：27-29.

表 3-15　玉树州、伊犁州县级公共图书馆发展现状

地区	第六次评估定级	从业人员 / 人	少数民族工作人员占比	2019 年财政拨款 / 万元	馆舍面积 / 平方米
治多县	无	5	100%	40	3000
曲麻莱县	无	7	100%	0	60
杂多县	未参评	5	100%	0	2400
囊谦县	无	7	100%	20	3000
称多县	三级	2	100%	16	2400
奎屯市	二级	6	33.33%	20	9427
察布查尔锡伯县	三级	8	62.50%	112	1082
巩留县	三级	5	80%	3	280
尼勒克县	三级	7	71.43%	20	2500
新源县	三级	11	63.64%	18.8	2498
伊宁县	二级	8	87.50%	3.2	1200
霍城县	三级	6	50%	46	1334
特克斯县	二级	7	57.14%	250	1200
昭苏县	三级	6	66.67%	20	874

4 西部地区基层公共图书馆事业发展存在的主要问题及原因

西部地区基层公共图书馆发展存在的主要问题有，一是政府保障力度不足，二是发展基础薄弱、速度有待提升、均衡性欠佳[①]，三是服务效能低下。这三个问题相互联系、相互交错。其中，政府保障力度不足是造成部分西部地区基层公共图书馆发展欠佳的重要原因之一，发展基础薄弱、速度有待提升、均衡性欠佳是造成基层公共图书馆服务效能低下的直接原因，服务效能低下则是各项问题的外在集中表现。这些问题产生的原因，既有社会发展程度、制度设计等客观因素，也有图书馆自身管理体制建设、人员素质培养等主观因素。未来要加速发展西部地区基层公共图书馆事业，就要克服相关不利因素。

---

① 肖希明,完颜邓邓.我国公共图书馆均衡发展机制研究［J］.图书馆,2016(10):2-7.

4.1　政府保障力度有待加强

4.1.1　西部地区基层公共图书馆事业政府保障不足的表现

虽然《中华人民共和国公共文化服务保障法》《中华人民共和国公共图书馆法》以及各省（自治区、直辖市）发布的公共文化相关条例都明确各级政府是发展公共图书馆事业的责任主体，但在实际工作中，政府主体责任缺失的现象时有发生，部分西部地区基层公共图书馆依然面临政府保障不足的困境[①]。

部分西部地区政府保障力度不足的问题，表现为基层公共图书馆运行经费难以得到保障、馆舍面积不足、人员编制不合标准等多个方面。就经费保障问题而言，虽然《中华人民共和国公共图书馆法》明确规定，各级政府应该将公共图书馆运营经费列入本级政府财政预算，并及时、足额拨付，但本书所调研的西部地区 68 家基层公共图书馆（每家基层公共图书馆调查一位相关负责人）中，有 88.24% 的图书馆负责人认为基层公共图书馆发展面临的主要障碍是财政经费不足，其中 8 家基层图书馆负责人甚至表示，2019 年该馆并没有专项购书经费。有 57% 的基层图书馆负责人认为上级支持力度不足是图书馆发展所面临的主要问题。

调研组实地调研时发现，陕西省有 52% 的基层公共图书馆从业人员数量达不到文化和旅游部发布的《公共图书馆服务规范》中"每服务人口 10000—25000 人应配备 1 名工作人员"的人员设置标准，大量基层公共图书馆在推动

---

① 杨玉麟. 首要目标与关键问题——关于中西部地区贯彻落实《公共文化服务保障法》的讨论［J］. 图书馆论坛,2017（6）:10-15.

总分馆制建设和农家书屋建设中遇到场地、人员双缺失的困难[①]。尽管问题如此突出，部分基层政府主管部门在机构改革中不仅不按需增加服务人员和配套设施，还进一步削减基层公共图书馆人员编制和乡镇公共文化服务点（乡镇综合文化服务中心），从而无形中加深了基层公共图书馆所面临的既无人员又无配套设施的两难处境。

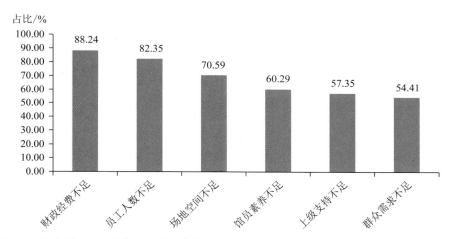

图 4-1　西部地区 68 家基层公共图书馆相关负责人认为基层公共图书馆发展存在的主要问题

4.1.2　西部地区基层公共图书馆事业政府保障不足的原因

部分西部地区基层公共图书馆事业保障力度不足的原因，包括有的地方领导不够重视基层公共图书馆发展、法律法规宣传不到位、财政支持力不从心、基层文化行政主管部门"权责不相称"等诸多因素。

（1）部分地方领导主观上不重视基层公共图书馆发展。有的领导虽然在理念上重视公共图书馆事业，但在实际行动上面落实不到位。公共图书馆作

---

①　唐丹丹,郑永君.农家书屋政策执行的"内卷化"困境——基于全国267个村庄4078户农民的分析[J].图书馆建设,2020(1):159-169.

为公益性机构，其核心价值是保障公民基本公共文化权益，提高公民科学文化素质和社会文明程度，传承人类文明和坚定公民文化自信，而基层公共图书馆的公益属性使得部分地方主管部门负责人认为图书馆是"花钱单位"，因此对图书馆事业缺少重视和实际支持。

（2）部分地区存在对《中华人民共和国公共文化服务保障法》《中华人民共和国公共图书馆法》及地方相关条例宣传不到位的问题，这造成有关部门及群众法治意识不强。以往涉及《中华人民共和国公共文化服务保障法》《中华人民共和国公共图书馆法》及地方相关条例的学习班、宣传会，与会人员往往局限于文化系统内部，没有邀请人事、财政、社会保障、城建等有关部门人员参与学习，使得其他部门对公共图书馆事业的相关法律法规缺乏了解，自然也会导致相关法律法规落实不够到位。

（3）西部地区基层政府财政力不从心也是造成政府主体责任缺失的主要客观因素。西部地区经济发展相对落后，"老少边穷"地区集中连片，再加上分税制改革以来央地财权与事权不匹配，这些客观因素都造成西部地区基层财政特别依赖中央财政转移支付，而西部地区基层图书馆经费也不例外。如今，以往中央对地方公共图书馆免费开放补助资金等补贴，已经不能满足西部地区人民群众日益增长的公共文化需求以及物价、人员工资的上涨，因此近年来馆均新购文献量等指标开始下降。

（4）在制度的层面，西部地区也与全国一样，存在基层文化行政主管部门"权责不相称"的问题。虽然《中华人民共和国公共文化服务保障法》《中华人民共和国公共图书馆法》等公共文化政策、法规赋予了基层文化行政主管部门对辖区内公共图书馆的管理职责，但公共图书馆事业发展所需要的人、财、物等诸多要素却大多集中在城建、发展改革、财政、社会保障等相关部门。地方政府在制订城乡规划、文化机构改革、人员定编、财政预算等涉及公共图书馆事业发展的方案时，时常缺少文化主管部门的声音。例如，在新一轮乡镇机构改革中，不少地方撤销了乡镇综合文化服务中心的建制，将其与乡镇其他职能部门合并成为乡镇综合服务站，导致县级文化行政主管部门的政令在基层缺少具体执行机构。这些职责落实层面的问题导致文化行政主管部门在对辖区内公共图书馆事业进行管理时，难以统筹调配相关资源，也导致《中华人民共和国公共文化服务保障法》和《中华人民共和国公共图书馆法》在基层落实时常会遭遇部门间的协调障碍，难以达到理想的效果。

4.2 发展不平衡不充分

4.2.1 西部地区基层公共图书馆发展不平衡不充分的表现

从图书馆事业的建设主体角度来看，经费、馆舍、人员、文献及设备不足，业务发展基础弱，发展水平较低，发展不均衡等是西部地区基层公共图书馆事业发展的主要问题[①]。

（1）西部地区基层公共图书馆发展基础薄弱，表现为部分图书馆的经费条件、馆舍条件、人员条件、文献条件、设备条件和业务水平比较落后。本报告第3章的数据表明，西部地区基层公共图书馆的众多指标均落后于全国平均水平。例如，西部地区基层图书馆馆均经费是全国平均水平的53.2%，馆均馆舍面积是全国平均水平的65.7%，馆均人员数量是全国平均水平75.8%，馆均馆藏数量是全国平均水平的55.1%，馆均电脑终端数是全国平均水平86.8%，微信公众号数量只占全国总数的23.3%（机构数占全国的36%）。

（2）西部地区基层公共图书馆发展速度相对缓慢，表现为业务发展速度指标落后于全国平均水平。其中，2015—2019年馆均经费增长率比全国平均水平低43.1%，馆均馆舍面积增长率比全国平均水平低28.7%，馆均馆藏数量

---

① 王佩.我国公共图书馆服务能力区域差异研究[J].图书馆理论与实践,2015(6):85-88.

增长率比全国平均水平低 33.3%，馆均电脑终端数增长率比全国平均增长率低 18%。

（3）西部地区基层公共图书馆地域发展不均衡，表现为西部各省（区、市）内基层图书馆的发展差距较大[①]，特别是部分图书馆规模过大，而个别图书馆规模过小的问题。比如，在本报告调研的 14 家少数民族地区基层图书馆中，奎屯市图书馆建筑面积 9427 平方米，而曲麻莱县文化图书馆面积只有 60 平方米，前者是后者的 157 倍。再如图 4-2 所示，2018 年陕西省只有 14 家县级公共图书馆面积超过 4000 平方米，达到第六次评估定级工作中一级馆的评估标准。同时，笔者统计发现这 14 家县级公共图书馆总面积却占全省县级公共图书馆总建筑面积的 47.4%。

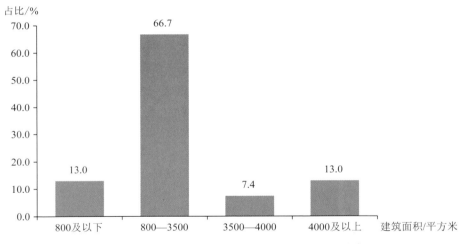

图 4-2 2018 年陕西省县级公共图书馆建筑面积分布图

4.2.2 西部地区基层公共图书馆发展不平衡不充分的原因

西部地区基层公共图书馆发展不平衡不充分，既有西部经济发展落后、

---

① 杨海玲. 我国公共图书馆发展差异性评价研究［J］. 新世纪图书馆,2016（1）:65-68.

财政能力不足等客观原因，也有图书馆自身管理水平及队伍建设水平不足、部分地区基层政府对图书馆事业不够了解和重视等主观原因，还有评估指标不合理等管理机制方面的因素。

（1）各地区社会、经济和财政发展水平等客观因素是影响西部地区基层图书馆投入指标的关键因素。本书采用多元回归固定效应模型实证了西部各省（自治区、直辖市）人口、城市化率、人均GDP、各区县级政府平均预算收入等社会经济因素，与基层图书馆的馆均藏量、馆均建筑面积、馆均财政拨款、馆均从业人员之间的弹性关系（即因变量、自变量都取ln值）。具体公式如下：

$$\ln(Y_{mn}) = \alpha + \lambda_1 \cdot \ln(X_{mn}) + D + S + \delta \qquad （公式1）$$

在公式1中：m为省区代码，n为年份代码；Y为因变量（被解释变量），包括各省（区、市）馆均藏量、馆均建筑面积、馆均财政拨款、馆均从业人员等投入指标；X为自变量（解释变量），包括各地区人口、城市化率、人均GDP、平均预算收入等区域发展指标；D和S分别控制地域固定效应和时间固定效应；同时，本书对Y和X分别取自然对数值（ln），求两者之间的弹性系数；其他符号含义，α为截距，λ_1为回归系数，δ为误差项。据公式1统计结果如表4-1所示，西部地区基层图书馆的馆均藏量、馆均建筑面积、馆均财政拨款，与所在地区城市化率、人均GDP、地区平均预算收入弹性系数显著相关，而与人口因素弹性系数相关性不显著。比如，西部各省域内区县级政府平均预算收入增加1%，基层公共图书馆的馆均藏量、馆均建筑面积、馆均财政拨款分别增加0.93%、0.87%、0.68%，而人口因素对此没有影响。由此可以看出，西部地区相对落后的社会、经济发展条件，是制约西部地区基层公共图书馆发展的重要因素。

表 4-1　西部地区基层社会经济因素与基层公共图书馆各项资源指标的弹性关系

自变量	因变量			
	ln（馆均藏量）	ln（馆均面积）	ln（馆均财政拨款）	ln（馆均人员）
ln（地区人口）	−0.1070632 （0.0549651）	−0.043071 （0.071085）	−0.087562 （0.0696238）	−0.0072831 （0.1262506）
ln（城市化率）	1.463569** （0.3211851）	1.32786* （0.4153806）	1.757956** （0.4068424）	2.571168* （0.7377377）
ln（人均GDP）	−1.010895** （0.2051917）	−0.6272759* （0.2653693）	−0.4610042 （0.2599146）	−0.6820676 （0.4713098）
ln（地区平均 预算收入）	0.9323895*** （0.0978852）	0.867623** （0.1265924）	0.6838333*** （0.1239903）	0.2984886 （0.2248348）

注：1. *、**、*** 分别表示在 5%、1%、0.1% 的水平上显著；
　　2. 括号内小数为方差。

（2）部分西部地区基层政府对公共图书馆事业不够了解和重视，提高领导对图书馆的重视程度可以有效加快基层公共图书馆的发展速度。本书通过多元回归半对数模型实证了 2016—2018 年各级领导视察（调研）基层公共图书馆的总次数，对陕西省 100 余家基层公共图书馆发展的影响。具体公式如下：

$$\ln(Y_m) = \alpha + \theta_1 \cdot K_i + \lambda_2 \cdot \ln(X_m) + \delta \qquad （公式2）$$

在公式 2 中：m 为县级图书馆代码；Y 为因变量（被解释变量），包括陕西省各县级图书馆的建筑面积、馆藏数量、财政拨款等投入指标；K 为自变量（解释变量），为各馆 2016—2018 年县级以上领导视察总次数和县级领导视察总次数；X 为控制变量，包括各地区人口和人均 GDP；同时，为减少误差的影响，本书对 Y 和 X 分别取自然对数值（ln）；其他符号含义，α 为截距，θ_1 和 λ_2 分别为回归系数，δ 为误差项。公式 2 的统计结果如表 4-2 和表 4-3 所示，统计数据表明，县级以上领导和县级领导视察都可以显著提高基层图书馆的建筑面积、馆藏数量和财政拨款。例如，2016—2018 年县级以上领导每多视察基层公共图书馆 1 次，基层公共图书馆的建筑面积就会提高 5.4%、馆藏数量就会提高 4.1%、财政拨款就会提高 6.1%。这充分说明领导对基层公共图书馆的重视程度对基层公共图书馆发展的作用。

表 4-2 2016—2018 年县级以上领导视察总次数对陕西基层公共图书馆发展的影响

自变量	因变量		
	ln（馆舍面积）	ln（馆藏数量）	ln（财政拨款）
县级以上领导视察次数	0.0539757***	0.0405923***	0.0607708**
	（0.0145069）	（0.0131032）	（0.0266259）
ln（地区人口）	0.2336679**	0.3730614***	0.4639019**
	（0.1003643）	（0.0907445）	（0.1883044）
ln（人均GDP）	0.5189406***	0.2750686**	0.6451595**
	（0.1428686）	（0.1297502）	（0.2608197）

注：1.*、**、*** 分别表示在10%、5%、1% 的水平上显著；
2. 括号内小数为方差。

表 4-3 2016—2018 年县级领导视察总次数对陕西基层公共图书馆发展的影响

自变量	因变量		
	ln（馆舍面积）	ln（馆藏数量）	ln（财政拨款）
县级领导视察次数	0.0526289***	0.0304253**	0.0481178*
	（0.0135976）	（0.0126635）	（0.0254177）
ln（地区人口）	0.1803188*	0.3502501***	0.4236017**
	（0.1023812）	（0.0952522）	（0.195025）
ln（人均GDP）	0.3344993**	0.1479878	0.453294*
	（0.1403565）	（0.1313737）	（0.2604334）

注：1.*、**、*** 分别表示在10%、5%、1% 的水平上显著；
2. 括号内小数为方差。

（3）评估指标不够合理，基层公共图书馆建设片面迎合评估标准，也是西部地区基层图书馆发展失衡的部分原因。第六次评估标准中部分指标设置有待进一步科学论证①。比如，第六次评估中，馆舍建筑面积、电脑终端数等指标为总量指标，而非人均指标。其中，西部地区县级图书馆建筑面积二级馆评估标准是至少 3500 平方米。然而仅陕西省就有 24 个县人口少于 17 万，这意味着每万人馆舍面积至少为 235 平方米，是"十三五"公共图书馆事业发展规划规定指标的两倍有余。因此，西部地区部分经济发达县（市、区）没有因地制宜地考虑当地人口因素，为满足评估标准，对馆舍面积和设备求大、求全，既造成了浪费，又降低了该区域图书馆效能。

4.3 服务效能有待优化

4.3.1 西部地区基层公共图书馆服务效能低下的表现

西部地区基层公共图书馆服务效能相对低下②客观上制约了广大西部地区人民群众享受高质量的公共文化服务。

（1）表 4-4 中整理了 2019 年西部地区县级公共图书馆馆均经费与馆均流通人次的比值，该比值反映的是各地区县级公共图书馆服务每位进馆读者的馆均单位成本。数据表明，西部地区县级公共图书馆服务每位进馆读者的馆均单位成本为 19.9 元，而全国县级公共图书馆服务每位进馆读者的馆均单位成本为 14.6 元，因此西部地区县级公共图书馆服务读者的馆均单位成本比全国平均单位成本高 26.6%。其中，青海省县级公共图书馆馆均单位成本为

① 王丙炎,王鳐. 全国公共图书馆评估定级标准完善刍议——基于《第六次全国公共图书馆评估定级标准》县级成人馆部分［J］.图书馆学研究,2018（7）:9-12.
② 彭雷霆,刘子琰. 我国公共图书馆服务区域均等化实证研究 ——基于泰尔指数的分析［J］.图书馆,2019（5）:47-56.

68.9 元，是全国县级公共图书馆馆均单位成本的近 5 倍。

表 4-4　2019 年西部地区县级公共图书馆馆均经费与馆均流通人次比值

项目	全国	西部	广西	重庆	四川	贵州	西藏
经费 / 万元	267.2	170.9	123.7	518.4	156.4	138.4	24.8
流通人次 / 万人次	17.04	5.79	10.95	32.1	8.85	7.15	0.13
比值 /（元·人次⁻¹）	15.68	29.52	11.30	16.15	17.67	19.36	190.77
项目	内蒙古	云南	陕西	甘肃	青海	宁夏	新疆
经费 / 万元	170.2	142.6	196.3	126.2	68.9	222.3	100.6
流通 / 万人次	6.68	6.99	7.73	5.53	1	13.72	3.77
比值 /（元·人次⁻¹）	25.5	20.4	25.4	22.8	68.9	16.2	26.7

数据来源：国家图书馆研究院 . 中国公共图书馆事业发展基础数据概览 2019［M］. 北京：国家图书馆，2020：25-26.

（2）部分西部地区基层公共图书馆由于新书数量和结构不合理，文献利用率较低，存在大量文献闲置的现象。表 4-5 整理了 2019 年西部地区馆均外借册次与馆均藏书册次比，即馆均书刊单册外借率。数据表明，西部地区馆均书刊外借率为 0.52 次 / 册，而全国平均值为 0.68 次 / 册，西部地区馆均书刊外借率比全国平均水平低 23.5%。其中，新疆的馆均书刊外借率只有 0.29 次 / 册，不到全国平均水平的一半。这表明西部地区基层公共图书馆的馆藏结构和馆藏质量都急需优化。

表 4-5　2019 年西部地区馆均外借册次与馆均藏书册次比

项目	全国	西部	广西	重庆	四川	贵州	云南
馆藏 / 万册	20.29	11.18	13.21	34.38	12.55	11.61	10.93
馆均书刊外借 / 万册次	13.42	5.41	5.00	28.8	6.89	4.92	6.99
比值 /（次·册⁻¹）	0.66	0.48	0.38	0.84	0.56	0.45	0.64

续表

项目	内蒙古	西藏	陕西	甘肃	青海	宁夏	新疆
馆藏 / 万册	10.08	1.75	10.88	9.95	4.59	16.92	8.06
馆均书刊外借 / 万册次	4.38	0.08	5.43	4.08	0.66	9.38	2.27
比值 / (次·册$^{-1}$)	0.43	0.05	0.50	0.41	0.14	0.55	0.28

数据来源：国家图书馆研究院.中国公共图书馆事业发展基础数据概览 2019［M］.北京：国家图书馆，2020：25—26.

（3）部分西部地区基层公共图书馆从业人员服务效率较低。比如，许多西部地区基层公共图书馆由于人员经费和服务经费互相挤占，导致"书吃人，人吃书"、人浮于事的现象[1]。表 4-6 整理了 2017 年西部各省份持证读者总数与从业人员总数比值，即每位从业人员服务的持证读者数量。这个指标可衡量基层图书馆从业人员的服务效率。数据表明，西部地区每位基层图书馆从业人员需要服务的持证读者数为 438.9 人，而全国平均水平为 932.6 人，西部地区从业人员服务效率只有全国平均水平的约 47.1%。其中，陕西省基层图书馆从业人员平均服务的持证读者人数只有 140 人，只有全国平均水平的15%。

表 4-6　2017 年西部地区各省（区、市）持证读者总数与从业人员总数比值

项目	全国	西部	广西	重庆	四川	贵州	西藏
从业人员总数 / 个	33104	9633	759	654	1428	626	120
持证读者总数 / 万个	3087.3	422.8	25.2	121.4	108.9	43.4	0.6
持证读者：从业人员	932.6	438.9	332.3	1856.6	762.6	693.7	51.8
项目	内蒙古	云南	陕西	甘肃	青海	宁夏	新疆
从业人员总数 / 个	1221	1146	1532	923	218	292	714

---

① 陶小鹏.西部地区基层图书馆服务困境及解决对策［J］.图书馆工作与研究,2015（12）：96-98.

持证读者总数 / 万个	32.1	26.5	21.4	19.2	1.8	7.3	14.7
持证读者：从业人员	263.5	231.3	140	208.4	83.3	250.8	206.4

数据来源：中华人民共和国文化和旅游部 . 中国文化文物统计年鉴 2018［M］. 北京：国家图书馆出版社，2018：106.

4.3.2 西部地区基层公共图书馆服务效能低下的原因

西部地区部分基层公共图书馆服务效能低下的原因，既有经费不足、设备老化、馆藏陈旧等因素，也有图书馆人员管理较差、服务意识不足等方面的主观问题。

（1）经费不足、设备老化、馆藏陈旧等因素导致图书馆阅读环境缺乏吸引力，是部分西部地区基层公共图书馆服务效能低下的主要原因。以馆舍条件为例，本书调研的 68 家西部地区县级公共图书馆中，有 20 家的馆舍始建于 2000 年以前，占总数的 29.4%，其中两家的馆舍建于 20 世纪 50 年代。这些馆舍不仅建设年代久远，而且由于长期没有翻新改造，其中个别图书馆卫生间至今还是旱厕。恶劣的阅读环境自然难以吸引读者。本书调研收集到的 303 份基层公共图书馆读者问卷显示，有 118 位读者提出的意见与馆舍条件有关，意见内容包括扩大活动场地、增加自习和阅览区席位、改造卫生间、添加降温取暖设备等。

统计数据也表明，投入不足已经成为制约西部地区基层公共图书馆发挥效能的重要因素。本书采用多元回归固定效应模型，根据以往相关研究控制西部各省区市人口、城市化率、人均GDP和地方预算财政收入等因素后[1]，分别计算了基层图书馆馆均流通人次、馆均书刊文献外借册次、馆均参加活动

---

[1] 冯云 . 张璐，陈晓华 . 我国县级图书馆服务效率演化的内外部干扰因素探讨［J］. 图书馆，2019（2）:7-12,18.

读者人次，与其馆均藏量、馆均建筑面积、馆均从业人员数量、馆均财政拨款间的弹性关系。具体公式如下：

$$\ln(Y_{mn}) = \alpha + \beta_1 \cdot \ln（T_{mn}）+ \lambda_1 \cdot \ln(X_{mn}) + D + S + \delta \qquad （公式3）$$

在公式 3 中：m 为省区代码，n 为年份代码；Y 为因变量（被解释变量），包括各省（区、市）基层图书馆馆均流通人次、馆均书刊文献外借册次、馆均参加活动读者人次等服务效能指标；T 为自变量（解释变量），包括各省（区、市）基层图书馆馆均藏量、馆均建筑面积、馆均从业人员数量、馆均财政拨款等投入指标；X 为控制变量，包括各地区人口、人均 GDP、平均预算收入、城市化率等区域发展指标；D 和 S 分别控制地域固定效应和时间固定效应；同时，本书对 Y 和 T 分别取自然对数值（ln），求两者之间的弹性系数；其他符号含义，α 为截距，β_1、λ_1 为回归系数，δ 为误差项。公式 3 的具体统计结果如表 4-7 所示，数据表明，西部地区基层公共图书馆的馆均流通人次、馆均书刊外借册次、馆均参加活动读者人次，与馆均藏量、馆均建筑面积、馆均财政拨款间的弹性系数相关性显著，且弹性系数都大于 1（除馆均参加活动读者人次与馆均藏量弹性系数外）。这说明西部地区基层公共图书馆各项投入处于规模收益递增阶段，即基层公共图书馆各项指标每增加 1%，相关产出指标的提升就会大于 1%。因此，现阶段部分西部地区基层公共图书馆处于投入不足导致规模不经济阶段，政府应该增加基层公共图书馆相关投入，以提高基层公共图书馆的服务效能。

表 4-7　西部地区各省（区、市）基层公共图书馆产出指标与投入指标弹性关系

因变量	自变量			
	ln（馆均藏量）	ln（馆均面积）	ln（馆均人员）	ln（馆均财政拨款）
ln（馆均流通人次）	1.615618*** （0.1856525）	1.999143*** （0.4153087）	0.8625456 （0.8610752）	1.681888* （0.6694178）

因变量	自变量			
	ln（馆均藏量）	ln（馆均面积）	ln（馆均人员）	ln（馆均财政拨款）
ln（馆均书刊外借册次）	1.596497*** （0.1365162）	2.042784*** （0.3106843）	0.7584368 （0.8494276）	1.822147* （0.5613853）
ln（馆均活动参与人次）	0.9737499* （0.2991838）	1.297004* （0.4021982）	0.1361664 （0.6732094）	1.319795* （0.4410566）

注：1.*、**、*** 分别表示在5%、1%、0.1% 的水平上显著；

　　2.括号内小数为方差。

（2）专业能力欠佳、服务意识不足、工作人员"在编不在岗"等是造成部分基层图书馆从业人员服务效能低下的主要原因。表3-6和表3-7的数据说明，西部地区基层公共图书馆从业人员数量、技术人员职称结构与全国平均水平差距较小，和当地社会、经济发展也无关；同时，表4-7的数据表明，西部地区基层公共图书馆馆均从业人员数和馆均流通人次、馆均书刊外借册次、馆均活动参与人次等服务效能指标无关。这些统计数据都表明，部分西部地区基层馆从业人员数量的增加并没有显著创造相应的服务价值，所以仅仅提高从业人员数量，并不能提高部分西部地区基层公共图书馆的服务效能。

部分西部地区基层图书馆从业人员服务效能不佳，还要从工作人员的专业能力、服务意识、工作人员"在编不在岗"等方面寻找原因。一方面，如图4-3所示，由于晋升渠道、工资待遇等问题，部分西部地区基层图书馆员工作积极性、专业素养欠佳。以馆员专业能力为例，调研组在2020年以问卷方式调研了68位西部地区基层图书馆相关负责人（见图4-1），60%以上的接受调研的西部地区基层图书馆负责人认为，员工专业能力欠佳导致新媒体服务、古籍保护[①]、图书馆营销等需要较高技术能力的业务难以开展。另一方面，本次调研还发现部分西部地区基层图书馆存在大量工作人员被上级机关

---

① 民族地区公共图书馆服务效能提升策略探讨——以西藏自治区为例［J］.西藏研究，2018（2）:140-147.

借调的问题。以往研究也表明，仅陕西省就有 61 个基层公共图书馆存在这种"在编不在岗"现象，占全省县级公共图书馆总数的 62%[①]。

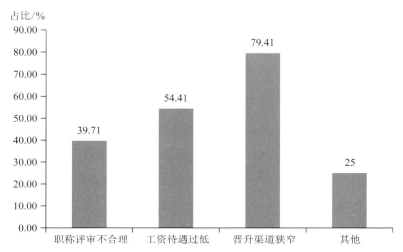

图 4-3　西部地区基层公共图书馆负责人认为馆员职业发展的最大障碍

---

① 万行明, 邓辉. 中西部地区基层公共图书馆人员保障机制探究——以陕西省102家县级公共图书馆为例［J］. 图书馆建设, 2020（2）:104-110.

5 西部地区基层公共图书馆事业发展政策建议

为推动"十四五"时期西部地区基层图书馆事业可持续发展，加快完善西部地区现代公共文化服务体系，更好地满足西部地区人民群众基本文化需求，根据《中华人民共和国公共文化服务保障法》《中华人民共和国公共图书馆法》以及"十四五"时期国家文化事业发展的系列规划文件等有关法规文件精神，本章从基本原则、实现策略及路径、重点任务及项目三方面对未来西部地区基层公共图书馆事业发展提出政策建议。

5.1 基本原则

夯实各级政府在图书馆建设中的主体责任。深入贯彻党的十九大精神和习近平总书记给国家图书馆老专家的回信精神，切实转变发展方式，推动质量变革、效率变革、动力变革，实现更高质量、更有效率、更加公平、更可持续的发展，对标国家"十四五"规划经济社会宏观布局和新时代推进西部大开发形成新格局的总体要求，夯实各级政府的主体责任，精准定位西部地区基层公共图书馆发展战略。

以总分馆制建设为抓手，规范化推进公共图书馆体系化建设。认真吸收世界发达地区及我国东中部地区公共图书馆建设与服务经验，科学研判中小型公共图书馆的建设规律及服务方式，找准西部地区基层公共图书馆事业发展的主攻方向及其实现路径。系统总结西部地区基层公共图书馆事业的建设与服务工作经验，以总分馆制建设为抓手，按照标准化、规范化的思路推进基层公共图书馆体系化建设。

加强新媒体、新技术运用，因地制宜，提高西部地区基层公共图书馆办馆效益。大力强化新媒体、新技术的应用，推动社会力量参与，因地制宜推进西部地区基层公共图书馆与旅游融合发展，着力拓展基层公共图书馆的服务范围和服务效能，提高西部地区基层公共图书馆的办馆效益，把西部地区基层公共图书馆办成居民的第三生活空间和名副其实的公共文化服务综合体。

5.2 实现策略及路径

5.2.1 进一步强化党委、政府主体责任，推动法治化、标准化建设

建议在国家层面建立、完善《中华人民共和国公共文化服务保障法》《中华人民共和国公共图书馆法》监督考核机制，定期对各省（自治区、直辖市）贯彻"两法"落实情况开展督查、调研。各省（自治区、直辖市）也应制定相应的监督考核机制，对基层定期开展督查、调研。

建议在"十四五"期间，西部地区各省（自治区、直辖市）根据本地实际，出台地方公共图书馆法规，推进西部地区公共图书馆事业发展。同时，各级地方政府应将本地区公共图书馆事业发展纳入本地区"十四五"经济社会发展总体规划，制定贯彻落实相关法规和规划的具体措施。

建议国家有关部门加快西部地区基层公共图书馆相关标准的制定工作，重点开展基层公共图书馆人员编制、设施建设、经费投入、服务规范等方面标准的研制工作，争取在"十四五"期间能够实施。

5.2.2　加大政府投入力度，鼓励社会力量参与基层公共图书馆建设

建议中央财政加大对西部地区基层公共图书馆免费开放经费的投入力度，将县级图书馆免费开放经费补助标准由原有的 20 万元提高到 50 万元，同时将经济欠发达地区、边疆地区和少数民族地区的免费开放补助经费提高到 80 万元。

建议中央在"十四五"期间设立"西部欠发达地区基层公共图书馆设施提升项目"，对设施条件未达到评估标准最低线（2000 平方米）的基层公共图书馆，在馆舍新建、改建、扩建、提升改造等方面予以项目补助，并要求在"十四五"期间西部地区基层公共图书馆设施条件全部达标。有条件的省份也应配合设立有关项目，要求基层公共图书馆全部达到二级馆的建筑面积标准。

夯实地方政府的保障责任，明确设施建设的主体责任，确保基层公共图书馆的经费单列和不被挪用，经费增长幅度不得低于本地区财政收入增长幅度。

建议中央、省区市有关部门出台社会力量参与公共图书馆设施建设的相关政策，鼓励、规范和引导社会力量参与基层公共图书馆建设[①]。

5.2.3　推进基层公共图书馆体系化建设，推动总分馆制发展

建议中央对西部地区图书馆总分馆制建设设立专项补助资金，各省（自

---

① 宁阳, 王旭明. 社会力量参与基层图书馆发展的研究与思考［J］. 图书馆杂志, 2019（1）: 54-59.

治区、直辖市）也应设立专项资金用于推进总分馆制建设，各级地方政府应建立议事协调机制，改革现有管理体制，实现总馆对分馆人、财、物的垂直管理。

明确地方政府在基层公共图书馆体系化建设中的主体责任，建立和完善政府多部门参与的体系化建设议事协调机制，通过制定地方性法规和政策，在总分馆制建设方面给予基层公共图书馆明确的制度保障。

建议部分条件不成熟的西部市县，推广以市级图书馆为中心馆、县级馆为总馆的"中心馆—总馆—分馆"总分馆体系，总分馆制建设主体可适当上移，以解决均衡发展的问题。

5.2.4　充分运用科技创新手段，赋能基层公共图书馆提升计划

建议有条件的省份建立全省（自治区、直辖市）公共图书馆统一大数据平台[①]，实现全省（自治区、直辖市）公共图书馆的统一调度、统一数据收集、统一服务、统一认证、跨库检索、智能交互服务、文化服务标准化管理、总分馆数据分析、图书馆际互借、信用服务、RFID 智能管理等。中央有关部门可支持建立大数据平台的相关项目，在经费上予以保障。

建议有条件的地区实施公共数字文化工程服务效能提升项目，完成对本地区优秀文化信息资源的数字化加工、整合、存储及推广，提供丰富多彩的公益性文化资源服务，通过大数据、区块链、人工智能、5G 应用等新兴技术，形成综合性文化信息服务网络，满足广大人民群众对公共数字文化服务的标准化、均等化需求，切实提升本地区公共数字文化工程的服务效能。

---

① 余波,张妍妍,郭蕾.贫困地区公共图书馆数字化建设策略研究［J］.图书馆,2018（6）：21-27.

5.2.5　加强文献资源建设，进一步提升文献信息保障能力

建议中央实施"经济欠发达地区基层公共图书馆基本藏书帮扶项目"。中央有关部门应制定"中国公共图书馆基本藏书目录"和"欠发达地区基层公共图书馆名单"，由国家有关部门定期向欠发达地区基层公共图书馆提供和更新"公共图书馆基本藏书目录"中所规定的成人图书及少儿图书，以提升欠发达地区基层公共图书馆的基础服务能力，满足欠发达地区人民群众的公共文化需求，弥补地区间的文化信息鸿沟，实现各地公共文化均等化发展。

因地制宜采选，构建特色馆藏。西部地区基层公共图书馆应在保障基本馆藏的前提下，构建有特色的文献资源体系。重点建设专业性强、有特色的文献资源体系，应当突出区域特色、民族特色，充分发挥区位优势，构建具有本地特色的文献资源体系[1]。

优化藏书结构，服务留守老幼[2][3]。西部地区基层公共图书馆应从人口结构角度重点考虑区域内留守儿童、老年人等主要服务对象的阅读需求，调整其与普通成人图书的馆藏比例。

建立少数民族文献的统一协调管理机制。根据我国少数民族文献资源保障体系建设的需要，建议在国家文化主管部门设立少数民族文献资源保障中心，发挥统一规划和协调管理作用，以解决现有体制下管理分散的弊端。制定少数民族文献信息资源建设的宏观规划，协调各地区、各系统、各部门之间的关系，明确各类型少数民族文献收藏机构的职能、权利和义务，制定统一标准和规范。

---

① 马海云.民族自治区域基层图书馆群众文化服务开展与研究[J].四川戏剧,2017(12):187-189.

② 陈涛.农村未成年人阅读贫困与干预机制研究——以云南民族地区为例[J].图书馆,2020(5):106-111.

③ 王春梅.农民阅读的内在多维度贫困——齐齐哈尔地区阅读情况调查[J].图书馆论坛,2019(1):149-156.

5.2.6　加大免费开放力度，提升读者服务效能，推动全民阅读

西部地区基层公共图书馆应持续推动阅读推广活动的品牌化、系统化建设，发挥专家学者的阅读指导、价值引领作用，建立阅读指导和优秀图书推荐机制，开展分级阅读、分段阅读活动，鼓励书店、出版机构、企业、个人等社会各界力量参与阅读推广工作，提供公益性阅读服务，适度开展市场化运作。借鉴中东部地区先进图书馆的成熟经验，策划、组织、开展区域性阅读推广系列活动。

鼓励地方政府有关部门整合资源，通过空间改造的形式，利用现有闲置的公园、商铺等房屋资源，建设 24 小时自助图书馆或社区图书馆。

通过流动图书车延伸总馆服务半径；通过建设无人值守自助图书馆织密城乡服务网络，延长图书馆开放时间；对于部分借阅功能齐全，具备开展小型活动条件的自助图书馆可以赋予其分馆职能，方便读者阅读。

5.2.7　发挥行业组织协调交流作用，充分交流学习先进经验

建议西部地区基层图书馆之间加强合作协调，中国图书馆学会和国家图书馆应进一步强化指导作用，充分发挥政府主导和行业合作机制，整合力量，发挥各自优势，形成合力，共建共享。各省（自治区、直辖市）的图书馆学会应充分发挥行业组织作用，推进本地区图书馆之间的合作。

进一步发挥区域图书馆协作组织在构建西部地区基层公共图书馆服务体系建设中的作用，加强与西部地区其他图书情报单位的合作，形成合力，拓展各级、各类图书馆联盟的工作内容，促进资源共建共享良好局面的形成。

进一步落实图书馆界的东西部对口帮扶行动计划，鼓励东西部地区图书馆结对共建、缔结友好帮扶协作关系，通过文献交换、邀请专家授课、现场教学指导、馆员互派交流等多种形式学习借鉴东部地区先进经验，促进西部

地区基层公共图书馆健康发展。

5.2.8 深化内部管理，打造西部地区基层公共图书馆新形象

地方政府有关部门应根据公共图书馆发展需要，依照国家颁布的《公共图书馆服务规范》确定的服务人口基数，核定基层公共图书馆的人员编制；可以采用盘活存量、人随事走的改革思路，统筹利用相关事业编制和人员，解决西部地区基层公共图书馆人员不足的问题。政府有关部门应杜绝随意借调基层公共图书馆工作人员的现象。

西部地区基层公共图书馆应深化人事制度改革，利用服务外包、社会化用人等方式多层次、多渠道解决人员不足的问题，建立科学的考核和奖励机制。地方政府有关部门应支持基层公共图书馆改革措施，为其提供必备的改革条件。

西部地区基层公共图书馆应加强人才培养力度，通过委托高校代培馆员、"三区"人才专项培训计划、东西部馆员互派交流、不同层级图书馆上挂下派等多种方式，奋力拓宽基层公共图书馆人员业务培训渠道，助推中西部地区基层公共图书馆人才队伍良性发展。

5.3 重点任务及项目

5.3.1 法律保障维度："西部地区公共图书馆政策法规体系建设工程"

5.3.1.1 项目目标

立足西部地区经济社会发展状况及大众阅读、知识信息需求特点，通过

地方立法及公共图书馆政策、标准制定等形式，贯彻落实国家有关公共图书馆事业发展的政策法规，从制度层面进一步强化各级政府的主体责任，加强公共图书馆的财政保障力度，规范省、市、县各级公共图书馆的工作行为，构建高效规范、运作有效的西部地区公共图书馆服务体系，保障广大民众的基本阅读权利。

5.3.1.2　项目必要性和可行性

1. 必要性

1966 年 12 月 16 日第 21 届联合国大会通过《经济、社会及文化权利国际公约》，该公约于 1976 年 1 月 31 日生效，目前已得到 100 多个国家批准；我国于 1997 年签署了该公约，2001 年 2 月 28 日，第九届全国人大常委会第二十次会议批准了该公约。这对进一步提高人民的物质、文化生活水平是有利的。

2002 年 11 月，党的十六大召开，明确提出要切实尊重和保障人民的政治、经济和文化权益。2005 年 10 月，党的十六届五中全会提出"加大政府对文化事业的投入，逐步形成覆盖全社会的比较完备的公共文化服务体系"。2015 年 1 月，中共中央办公厅、国务院办公厅颁布《关于加快构建现代公共文化服务体系的意见》。《中华人民共和国公共文化服务保障法》和《中华人民共和国公共图书馆法》分别于 2016 年 12 月和 2017 年 11 月颁布，为我国公共图书馆的建设与发展提供了强有力的法律保障。但就现实而论，包括公共图书馆在内的我国西部地区公共文化服务体系建设还存在区域发展不平衡、经费保障机制不健全、公共文化设施总量不足、设施标准不高、基层工作队伍不稳定、服务效能有待提升等一系列问题。这些问题的解决既需要中央政策法规的顶层设计，更需要各级地方政府、人大以政策法规形式制度化地贯彻落实中央决策部署，以便有针对性地破解西部地区公共文化发展中遇到的现实问题，促进西部地区公共图书馆事业健康发展。

2. 可行性

2015 年以来，我国公共文化政策法规呈井喷式发展，近五年出台的有关公共文化政策的法律法规比 1978 年至 2019 年的总和还要多。尤其是 2015 年，中共中央办公厅、国务院办公厅印发《关于加快构建现代公共文化服务体系的意见》以后，各省（自治区、直辖市）也先后出台了本省份相应的实施意见。《中华人民共和国公共文化服务保障法》《中华人民共和国公共图书馆法》颁布并实施以来，浙江、湖北、陕西、安徽、贵州等省份相继颁发了本省份的公共文化服务保障条例。贵州省于 2019 年颁布了本省的公共图书馆条例；陕西、甘肃、山东、海南等省的公共图书馆条例也已列入本省立法计划，形成初稿并进入立法调研、意见征询阶段；《四川省公共图书馆条例》亦启动修订工作；宁夏回族自治区等亦颁布了全民阅读促进条例。近年来涉及公共图书馆建设、服务、评估、管理，数字文化工程，总分馆服务体系建设方面的标准、规范以及国家和省（区、市）级相关政策已基本覆盖公共图书馆工作的所有领域，这些政策法规为西部地区公共图书馆政策法规体系建设提供了良好的工作依据和参照。

党的十九大报告指出：中国特色社会主义进入新时代，我国社会主要矛盾已经转化为人民日益增长的美好生活需要和不平衡不充分的发展之间的矛盾。经过改革开放 40 余年的发展，中国经济总量不断攀升，已成为世界第二大经济体。在经济总量大幅提高的同时，中国人均国民总收入（GNI）也不断提升。2019 年，中国人均 GNI 首次突破 1 万美元大关，达到 10410 美元，高于中等偏上收入国家 9074 美元的平均水平，已然进入人民群众文化需求空前高涨、文化消费潜能巨大的时期。综合国力的增强，为公共文化服务体系建设提供了强大的财力支撑，值此之时制定具有强制性的公共图书馆地方性法规及与之配套的相关政策，不仅具有实际操作的可能性，同时也会对公共图书馆事业的发展具有深远的影响。

5.3.1.3 项目内容与实施路径

1. 项目内容

"西部地区公共图书馆政策法规体系建设工程"主要包含以下内容：

（1）以西部地区省（自治区、直辖市）为单位，启动各省（自治区、直辖市）《公共图书馆条例》地方立法工作。

（2）配合"十四五"时期新一轮《国家公共文化服务体系建设指导标准》的出台，启动实施各省（自治区、直辖市）《公共文化服务体系建设实施标准》的编制工作，充实公共图书馆建设内容，使之适应西部地区公共图书馆的建设需要。

（3）配合文化和旅游部《公共图书馆服务规范》的修订，启动西部地区各省（自治区、直辖市）《公共图书馆服务规范》的编制工作，使之能够满足本地公共图书馆的服务需要，保障人民群众阅读权利的顺利实现。

2. 实施路径

（1）各省（自治区、直辖市）《公共图书馆条例》的立法研究及起草工作

公共图书馆是公共文化服务体系建设的重要组成部分，其相关立法涉及公共图书馆建设、运行管理、经费投入、人才培养、公共阅读的服务供给等若干方面，起草工作需要对公共文化服务的基本理论及公共图书馆的运行规律有专业、广泛、深入的研究积累方能完成，因而此类工作可由各省（自治区、直辖市）文化和旅游主管部门牵头，组织本地区专家、学者及图书馆工作者起草，亦可采用单一来源采购方式委托高等院校或相关学术机构承担《公共图书馆条例》的起草工作。

（2）各省（自治区、直辖市）《公共文化服务体系建设实施标准》《公共图书馆服务规范》的起草工作

宜由各省（自治区、直辖市）文化和旅游主管部门交由本省（自治区、直辖市）图书馆组织本地区专家学者及图书馆工作者联合起草，或以课题招

标、馆校合作、委托研制等方式组织完成。

5.3.1.4 保障条件

1. 强化政府主体责任，建立政策法规建设统筹协调工作机制

西部地区各省（自治区、直辖市）文化和旅游主管部门应高屋建瓴，结合本省（自治区、直辖市）"十四五"时期经济社会发展规划、文化改革发展规划、立法建设规划的编制工作，将公共文化服务政策法规建设列入政府议事日程，总结"十三五"时期公共图书馆的建设与服务经验，认真编制本地包括公共图书馆在内的公共文化服务政策法规工作计划，建立政策法规建设统筹协调工作机制，落实政策法规起草、调研、论证的人力资源和必要经费，保证公共图书馆政策法规建设工作的顺利进行。

2. 优化整合制定公共图书馆政策法规所需各项要素，夯实相关主体责任

各省（自治区、直辖市）公共图书馆政策法规，是国家相关政策法规的具体化和地方化，因而承担地方性公共图书馆条例制定或公共图书馆相关工作标准、规范制定的组织机构必须领会并吃透国家相关政策法规，深入实际调查研究，找准问题，有的放矢；应尽可能优化政策法规起草的人力资源，做好资金分配等相关要素的整合工作，紧紧依靠党委、人大及政府相关部门，按计划做好立法调研、审议以及政策法规文本的修改工作，力求在公共图书馆政策法规制定中充分体现地方特色，增强政策法规的前瞻性、针对性和实用性，发挥政策法规在公共图书馆事业发展中的规范意义和导向作用。

3. 加强公共图书馆政策法规宣传，依法促进西部地区图书馆事业长足发展

"十四五"时期，各级文旅行政主管部门应一手抓公共图书馆政策法规制定，一手抓政策法规宣传。各级政府应切实履行公共文化服务的主体责任，努力营造依法治国的良好氛围，发挥政策法规在公共图书馆事业发展中的保驾护航作用，力争用五年或更长时间逐步解决我国西部少数民族地区、经济欠发达地区县级公共图书馆长期存在的现实问题，促进西部地区公共图书馆

健康、稳定、可持续发展。

5.3.2 体系化建设维度："西部地区公共图书馆总分馆制建设推进工程"

5.3.2.1 项目目标

聚焦西部地区地域辽阔、人口分布分散、经济欠发达、财政自给能力不足、地貌特征相对复杂、民族众多等特点，按照强化政府主体担当，夯实县（市、区）图书馆工作基础，固本强基，整合资源，规范运作，重点突破的原则，做好西部地区公共图书馆体系化建设顶层设计，构建覆盖城乡、特色鲜明、优质高效、可持续发展的西部地区公共图书馆总分馆制服务体系，打通公共文化服务"最后一公里"，为广大民众提供均等普及、便利可及的文献信息服务。

5.3.2.2 项目必要性和可行性

1. 必要性

"县域图书馆总分馆体系建设"是中央全面深化改革小组确定的我国公共文化领域四项重点改革任务之一。此项任务既是我国公共文化服务的现实需要，也是党和政府为保障公民基本文化权益所作的制度安排。2016 年 12 月 29 日，文化部、新闻出版广电总局、体育总局、发展改革委、财政部印发《关于推进县级文化馆图书馆总分馆制建设的指导意见》的通知（文公共发〔2016〕38 号），要求到 2020 年，全国具备条件的地区因地制宜建立起上下联通、服务优质、有效覆盖的县级文化馆、图书馆总分馆制，广大基层群众享受的基本公共文化服务内容更加丰富，途径更加便捷，质量显著提升，均等化水平稳步提高。2017 年 11 月 4 日第十二届全国人大常务委员会第三十次会议通过并颁布的《中华人民共和国公共图书馆法》规定，县级人民政府应当因地制宜建立符合当地特点的以县级公共图书馆为总馆，乡镇（街道）综合文化站、村（社区）图书室等为分馆或者基层服务点的总分馆制，完善数字化、网络化服务体系和配送体系，实现通借通还，促进公共图书馆服务向城乡基层延伸。

2. 可行性

图书馆总分馆制起源于西方国家，已有上百年的发展历程，是一种通行、科学的图书馆建设方法。它以有效利用资源、提高服务效率为目的，通过一体化建设和专业化管理，实现图书馆体系内各级图书馆之间的资源共享和服务的互动互联。我国的公共图书馆总分馆制建设从 2000 年前后开始逐步探索，历经 20 余年的探索实践，逐步形成了"嘉兴模式""苏州模式""禅城模式"等相对成熟的建设与管理模式。在我国广袤的西部地区，重庆市，四川省成都市、攀枝花市，陕西省安康市，内蒙古自治区鄂尔多斯市等地也出现了创建形式各异、创建成效显著、广受民众欢迎的公共图书馆总分馆制建设模式，这其中不乏经济欠发达地区总分馆制建设案例。实践证明，公共图书馆总分馆制建设不是东部地区的专利，只要领导重视、措施得力、建设目标明确、构建方法规范，西部地区照样能够建成具备地域特色的公共图书馆总分馆制服务体系。

5.3.2.3 项目内容与实施路径

1. 项目内容

西部地区基层公共图书馆发展情况参差不齐。西藏自治区多数县级行政区域没有公共图书馆的建制，部分经济欠发达地区的县级图书馆馆舍狭小残破、文献补充过少，难以承担总馆重任，根据这一客观现实，从国家安全、国民素质提升、夯实经济欠发达地区县级图书馆总馆工作基础的现实需要考虑，应组织实施西部欠发达地区、少数民族地区基层公共图书馆固本强基工程。

固本强基工程主要包含以下内容：

（1）启动实施"西部民族地区县级公共图书馆基础设施建设计划"，以填补西部民族地区县级公共图书馆在机构设置及基础设施建设上的空白；

（2）启动实施"西部欠发达地区县级公共图书馆新馆建设及旧馆提升改造计划"，以解决西部地区县级公共图书馆基础薄弱、无法胜任总馆重任的问题；

（3）启动实施"欠发达地区基层公共图书馆基本藏书帮扶项目"，以解决西部地区县域公共图书馆总分馆制服务体系文献藏量不足、文献馆藏体系构建不科学的问题。

2. 实施路径

（1）实施西部地区市级中心图书馆总分馆系统管理平台构建计划

在西部欠发达地区县域公共图书馆总分馆制建设实践中，不少地方总分馆制建设受制于地方财政困难，没有经费购置管理系统或支付不起分馆端口接入费用，导致总分馆制建设无法推进。与此同时，一些地方通过地市级公共图书馆搭建的图书馆管理系统，按照"中心馆—总馆—分馆"的模式建成了本地的总分馆服务体系。2019 年，我们曾就东、中、西部地区县域公共图书馆总分馆制建设现状进行问卷调查，获得有效答卷 130 余份，根据调查得知，即便是经济条件较好的东南沿海发达地区，由地市级图书馆按照"中心馆—总馆—分馆"的模式搭建统一服务平台、提供数字资源保障服务而构建成的总分馆服务体系也仅达到一半。因此，充分调动地市级图书馆在总分馆建设上的工作积极性，启动实施西部地区地市级中心图书馆总分馆系统管理平台构建计划，不失为破解经济欠发达地区县级财政拨付难题、促进西部地区县域公共图书馆总分馆制服务体系建设的一种事半功倍、行之有效的方法。

（2）强力推进县域公共图书馆总分馆制服务体系建设取得成效

认真贯彻 2016 年 12 月文化部等五部门《关于推进县级文化馆图书馆总分馆制建设的指导意见》的精神，依据国家相关法规、标准和规范，按照"政府主责，规范运作，整合资源，重点突破"的原则，依据县域城乡人口分布，分期分批有针对性地推进县域公共图书馆总分馆制服务体系建设工作。至"十四五"规划末期，基本形成以下格局：

①地市级中心馆

完善地市级中心图书馆总分馆管理系统平台构建工作，提升数字文献保障及总分馆制业务辅导、协调能力。

②县级总馆

基础设施基本达标，下设分馆业务做到文献统一采编、统一标识、统一物流配送、统一服务标准等。

③基层分馆

主要设置在乡镇（街道）及部分人流集中的村（社区），拥有与其服务相适应的建筑面积，配备相对齐全的服务设备，配置品种与学科相对齐全的文献信息资源，配备能够专岗尽责的工作人员，能够保证正常开放并可辐射部分流通服务点。丰富图书馆办馆路径，鼓励社会力量参与公共图书分馆建设。

④村（社区）流通服务点

在总馆的文献支撑和分馆的指导下，村（社区）流通服务点承担基层最基本的图书馆服务，拥有与服务相适应的建筑面积，配备必要的图书馆设备和工作人员，配置一定数量的资源。

⑤流动服务和自助服务设施

通过流动图书车延伸总馆服务半径；通过建设无人值守自助图书馆织密城乡服务网络，延长图书馆开放时间；对于部分借阅功能齐全、具备开展小型活动的自助图书馆可以赋予其分馆职能，方便读者阅读。

5.3.2.4 保障条件

1. 强化总分馆制建设政策法规保障，促进建设要素优化整合

国家和各省（自治区、直辖市）文化行政主管部门应高屋建瓴，做好"西部地区公共图书馆总分馆制建设推进工程"的政策设计，从政策层面上理顺与

国家财政、人力资源与社会保障、新闻出版等总分馆制建设相关部门的关系，为人、财、物等总分馆制建设相关要素的优化整合创造良好的政策条件。

县（市、区）人民政府应将县域公共图书馆总分馆制建设列入政府议事日程，列入部门、乡镇（街道）目标责任考核内容，建立政府领导挂帅、相关部门共同参与的总分馆制建设领导机构及统筹协调工作机制，定期分析研判并解决总分馆制建设中遇到的具体问题，建立跟踪、监测和评估、督导长效机制，保障总分馆制建设项目发挥实效。

2. 明确中央与地方财政事权，实施免费开放补助经费倍增计划

2013 年 7 月，财政部和文化部联合发布了《中央补助地方美术馆、公共图书馆、文化馆（站）免费开放专项资金管理暂行办法》，确定"三馆一站"免费开放专项资金由中央财政设立，列入制度性预算。这个资金对于市、县两级公共文化服务单位的正常运作发挥了巨大的保障作用。但随着公共文化服务职能的拓展，市、县两级基层公共图书馆事业已由单一设施走向体系化发展。为此，建议财政部与文化和旅游部在认真调研基础上，重新制定"三馆一站"免费开放基本补助标准：将地市级"三馆"每馆免费开放补助经费由每年 50 万元调整至 100 万元；县级"三馆"每馆免费开放补助经费由每年 20 万元调整至 50 万元；乡镇综合文化站每站免费开放补助资金由每年 5 万元调整至 10 万元。建议按照 2020 年 6 月 4 日《国务院办公厅关于印发公共文化领域中央与地方财政事权和支出责任划分改革方案的通知》，所需资金由中央与地方分别承担，同时允许县级图书馆整合区域免费开放补助资金用于县域公共图书馆总分馆制建设，确保总分馆制改革行稳致远。

3. 抢搭新基建班车，促进西部地区公共图书馆基础设施提档升级

2020 年 2 月 14 日，中央全面深化改革委员会第十二次会议指出，"基础设施是经济社会发展的重要支撑，要以整体优化、协同融合为导向，统筹存量和增量、传统和新型基础设施发展，打造集约高效、经济适用、智能绿色、安全可靠的现代化基础设施体系"。这一决策对包括公共图书馆在内的

公共服务领域基础设施建设是个利好消息。建议国家文化行政主管部门积极组织开展政策研判,力争将"西部民族地区县级公共图书馆基础设施建设计划"和"西部欠发达地区县级公共图书馆新馆建设及旧馆提升改造计划"纳入"十四五"规划新基建财政投入盘子,力争用五年时间彻底解决我国西部地区县级公共图书馆基础设施建设上的欠账问题,促进县级公共图书馆健康、稳定、可持续发展。

5.3.3　文献资源建设维度:"经济欠发达地区基层图书馆基本藏书帮扶项目"

5.3.3.1　项目目标

聚焦全国欠发达地区,巩固扶贫成果,延伸文化扶贫工作范围与内容,"经济欠发达地区基层图书馆基本藏书帮扶项目"按照地区间公共文化服务均衡化、均等化的总体要求,编制《公共图书馆基本藏书目录》和《欠发达地区基层公共图书馆名单》,在国家文化主管部门领导下,由行业组织或国家图书馆协调,发达地区图书馆及相关机构参与完成,定期向欠发达地区基层图书馆提供和更新《公共图书馆基本藏书目录》所规定的普通图书及少儿图书,以提升欠发达地区基层公共图书馆的基础服务能力,满足欠发达地区人民群众的公共文化需求,弥补地区间的文化信息鸿沟,实现各地公共文化均等化发展。

5.3.3.2　必要性

基层公共图书馆是公共图书馆服务体系的基本单元和神经末梢,是政府文化惠民的主要阵地,而欠发达地区的基层公共图书馆则是如今公共图书馆事业发展的短板和难点。大量欠发达地区由于经济落后、财政吃紧,政府无法保障当地图书馆基本购书经费，人均馆藏量长期无法达标。截至 2018 年，全国依然有 531 家县级图书馆的年购书经费低于 1 万元，其中西部地区就有 285 家 [①]。因此，馆藏文献长期无法得到补充已经成为欠发达地区基层公共图书馆发挥服务效能的主要障碍。

5.3.3.3　项目内容与实施路径

为提高公共图书馆馆藏资源建设质量，促进购书经费合理地配置，满足广大人民群众的基本阅读需求，文化和旅游部可责令相关机构、行业协会以及各类专家基于中国图书馆学会、教育部等机构以往组织编写的《中国基层图书馆基本藏书推荐书目》《中小学生阅读指导目录》等推荐书目，根据现阶段人民群众文化需求、基层公共图书馆服务效能，组织编写新的中国《公共图书馆基本藏书目录》，并列入县级公共图书馆评估标准，以规范、指导和激励基层公共图书馆文献资源建设。

5.3.3.4　保障条件

1. 中央兜底，区域均衡

欠发达地区基层公共图书馆文献资源建设需要中央兜底。由中央政府列入专项经费，按计划定期划拨专项经费，用于文化和旅游部等有关部门组织采购《公共图书馆基本藏书目录》所规定文献，满足经济欠发达地区人民群众的文化需求。

2. 按需采购，加强评估

一方面，以往许多机构向基层公共图书馆、文化站、农家书屋配发的各类文献资源并不符合基层人民群众的文化需求；另一方面，大量基层公共图书馆、文化站、农家书屋服务效能低下，因此以往中央财政补贴基层的大量

　　[①]　国家图书馆研究院.中国公共图书馆事业发展基础数据概览2018［M］.北京:国家图书馆出版社,2019:11-15.

文献并没有得到有效利用。因此，中央财政在帮扶欠发达地区基层公共图书馆文献资源建设时，既要按人民群众的需求采购，又要加强基层公共图书馆服务效能评估。

5.3.4 人才建设维度："西部地区基层公共图书馆业务骨干专业素养提升项目"

5.3.4.1 项目目标

本项目聚焦西部地区基层图书馆从业人员服务效能低下相关问题，希望通过东西部地区对口交流、行业协会与高校志愿帮扶培训、省内各级图书馆下挂上调等多种业务交流和培训形式，提升西部地区基层公共图书馆业务骨干专业素养，以"东西部基层公共图书馆人才培训对口帮扶项目""西部基层公共图书馆业务骨干培训志愿者行动""西部基层公共图书馆骨干人才委派培训项目"三个子项目为实施路径，解决西部地区基层公共图书馆从业人员管理技术欠佳、业务思维落后、创新能力不足等诸多现实问题，从而提高西部地区基层公共图书馆服务效能，促进西部地区基层公共图书馆高质量发展。

5.3.4.2 必要性与可行性

从馆均人员数量和人员技术职称结构两方面看，西部地区基层公共图书馆各项指标和全国平均指标差距并不明显，甚至有副高级职称的人员比例在全国范围内最高，然而由于专业能力欠佳、服务意识不足、工作人员"在编不在岗"等因素，部分基层公共图书馆从业人员服务效能欠佳，没能创造相应的价值。此前国内有关部门组织的相关培训项目效果显著。例如，2010年前后中国图书馆学会组织的"志愿者行动"——基层图书馆馆长及业务骨干培训活动在传播新思想、新理念、新技术、新方法等方面成绩斐然，然而参加过该培训的这批干部队伍如今大多已经调离、退休。因此，未来应该通过多种业务交流和培训形式，让西部地区基层公共图书馆负责人及技术骨干多了解最新的图书馆服务理念和行业动态。

5.3.4.3　项目内容与实施路径

1. 东西部基层公共图书馆人才培训对口帮扶项目

近两年，陕西省各级公共图书馆通过"苏陕交流项目"，组织各级馆长、技术骨干通过参观学习、挂职培训等多种形式，前往江苏省南京图书馆、苏州图书馆等机构交流学习，开阔了基层公共图书馆干部队伍的发展视野。这种区域间对口交流形式值得借鉴推广。其他东西部地区可以仿效这种形式，结交"兄弟省份""兄弟单位"，通过定期组织西部地区基层公共图书馆业务骨干前往东部地区对口单位交流，邀请东部地区基层公共图书馆业务专家学者前往西部地区相关部门传经授业等多种形式，帮扶西部地区基层公共图书馆业务骨干改变思维、开阔眼界。

2. 西部基层公共图书馆业务骨干培训志愿者行动

中国图书馆学会、各省图书馆学会仿效之前的"志愿者行动"——基层图书馆馆长及业务骨干培训活动、"三区"人才专项培训计划、"彩虹计划"等形式，通过三至五年的时间，由中国图书馆学会或西部地区各省（自治区、直辖市）图书馆学会组织，地市级图书馆承办，邀请高校和公共馆专家学者作为志愿者，向西部地区基层图书馆业务骨干传授基层图书馆最新服务理念和实务，并通过互动交流、座谈讨论等途径，使西部地区基层图书馆同人了解最新的前沿理论，掌握基础服务技能，树立强大的专业自信。

3. 西部基层公共图书馆骨干人才委派培训项目

本项目包括高校专业培训和省（自治区、直辖市）图书馆实习培训两项内容。

①高校专业培训项目。由西部地区各省（自治区、直辖市）文化和旅游

厅统一部署，组织筛选全省（自治区、直辖市）基层图书馆业务骨干，委托北京大学、武汉大学、南京大学等高校的图书情报学专业教师，对基层业务骨干基础知识进行专项培训。

②省（自治区、直辖市）图书馆实习培训项目。由西部地区省级图书馆学会组织筛选省域内基层图书馆业务骨干，分期、轮流前往发达地区公共图书馆采编、借阅、阅读推广等业务部门实习，学习先进的图书馆服务理念与业务知识。

5.3.4.4 保障条件

1. 制度及政策保障

"十四五"期间，针对西部地区基层公共图书馆从业人员专业素质欠佳问题，文化和旅游部以及各省相关部门应该制定相应的专项计划和工作目标。同时，文化和旅游部、中国图书馆学会应该鼓励、组织东西部省份相关单位结成对口单位，签订合作意向书，通过定向交流、培训的形式促进西部地区基层公共图书馆发展。西部各省、市级文化主管部门及地方图书馆学会，对于基层公共图书馆骨干人员培训，应该积极组织，严格要求，鼓励基层公共图书馆年轻业务骨干参加各类业务交流、专业培训。

2. 资源及组织保障

各级政府及东部地区对口单位应针对"西部地区基层公共图书馆业务骨干专业素养提升项目"投入专项经费，保障项目良好开展。其中，"东西部地区基层公共图书馆人才培训对口帮扶项目"由东西部地区对口省级政府双方投入专项交流经费，具体由各省级文化主管部门负责牵头交流活动；"西部基层图书馆业务骨干培训志愿者行动"由中央、市级财政负责专项投入，中国图书馆学会负责培训志愿者和课程组织，各市文化主管部门承担人员的组织和培训的具体事务。

5.3.5 地方特色文献建设维度："西部地区特色文献资源建设项目"

5.3.5.1 项目目标

本项目旨在依托西部地区多样的民族文化，丰富的红色文化和地方文化资源，收集、保存和传承独具西部地区特色的文献资源，以"少数民族文献资源建设项目""革命老区红色文献资源建设项目""'一带一路'特色文献资源建设项目"三个子项目为实施路径，将西部地区各基层公共图书馆所收集的具有本地或特色的文字、图片、音视频、数字网络文献等信息资源按照一定的标准和规范进行分析、整理和存储，集中管理，全域共享，构建具有西部地区特色的文献资源体系，保存历史文化，服务周边群众，促进研究发展。

5.3.5.2 必要性与可行性

《中华人民共和国公共图书馆法》明确提出公共图书馆要"系统收集地方文献信息，保存和传承地方文化"。2013 年秋，习近平主席先后提出共建丝绸之路经济带和 21 世纪海上丝绸之路重大倡议。这就是"一带一路"的提出。文化交流在"一带一路"倡议下大有可为。图书馆作为文化服务的大平台，应该明确文化发展的责任，深入落实文化发展的任务。同时，西部地区 12 个省（自治区、直辖市）中的新疆、宁夏、内蒙古、广西、云南、贵州、西藏都是少数民族比较集中的省份。西部地区除四川、贵州外的 10 个省份，均处于"一带一路"沿线，陕西、四川则集中分布着在中国共产党领导下创立的革命根据地。因此，西部地区基层图书馆有必要利用区位优势，采集与保存地方重要文献资源，充实与建设西部地区特色文献资源体系。

5.3.5.3　项目内容与实施路径

1. 项目内容

（1）少数民族文献资源建设项目

着眼于西部地区少数民族比较集中的省份，鼓励基层公共图书馆着重采集与区域内民族历史、文化、风土人情有关的文献资源，形成少数民族历史文化、少数民族艺术、少数民族语言等少数民族特色资源专题数据库，以及少数民族地区地方志、少数民族多媒体资源等多样化文献体系。尤其应注重收集少数民族古籍，以及语言文字、民族发展史、宗教和生活习俗变迁等方面具有重要价值的文献。同时强调纸质文献的保护与管理，由于部分少数民族语言文字使用人数较少、信息化录入困难，必须借助纸质文献才能有效保存，以提供更权威、翔实、精确的文献依据。

（2）革命老区红色文献资源建设项目

红色文献资源指 1921 年 7 月中国共产党成立起至 1949 年 10 月新中国成立之前由中国共产党机关或各根据地所出版、发行、制作的各种文献资料，其中包括党的领导人的著作、各级党组织发布的各类文件及各根据地出版的各类书籍和报刊等。基层公共图书馆作为最贴近本地居民的一线文化阵地，在收集与保存红色文献资源上更具优势，应当突出区域特色，构建红色主题文献资源库。目前很多红色文献变脆易碎，难以利用，急需保护。面向西部地区红色文献资源的收集整理工作及数字化建设有助于保护原始文献，应加快红色文献资源的数字化进程。

（3）"一带一路"特色文献资源建设项目

西部地区公共图书馆应当发挥馆藏文献资源优势和信息挖掘整理能力，有规划和有针对性地开展"一带一路"沿线国家和地区的信息整理。可通过跨区域、跨国合作交流，如互赠与交换文献、举办合作论坛、成立战略联盟等形式，促进"一带一路"文献资源建设。同时，应当看到数据库在收集与传播"一带一路"特色文献方面具有一定的优势，如国家图书馆"一带一路"历史文化类数据库、中国社科院打造的"一带一路"数据库和 CNKI 打造的丝绸之路宗教历史文化数据库等。

2. 实施路径

要建立西部地区特色文献的统一协调管理机制。根据我国西部地区文献资源保障体系建设的需要，建议在国家文化主管部门设立少数民族文献资源保障中心、红色文献资源建设中心、"一带一路"文献资源中心，发挥统一规划和协调管理作用，以解决现有体制下管理分散的弊端。制定西部地区文献信息资源建设的宏观规划，协调各地区、各系统、各部门之间的关系，明确各类型西部地区特色文献收藏机构的职能、权利和义务，制定统一标准和规范。

由西部地区各省级图书馆牵头，建立西部地区特色文献资源建设联合工作小组，再由联合工作小组组织该领域专家，一起制定西部地区特色文献资源建设发展总体规划；为避免重复建设、扩大文献资源使用效益，需要建立共建共享联盟，由联盟向周边辐射，组织指导各基层公共图书馆通过征集、购买、复制、交换、下载、打印、共享等多种方式，补充和保护具有当地特色的文献资源，从而建立全面系统丰富的西部地区特色文献资源库。

3. 保障条件

西部地区特色文献资源建设方式大致分为国家组织、机构合作、民间征集。西部地区特色文献资源建设需要得到国家层面的政策支持和财政保障。在国家文化主管部门设立少数民族文献资源保障中心、红色文献资源建设中心、"一带一路"文献资源中心的基础上，还需要由国家相关部门牵头组织、协调和推动形成西部地区特色文献资源建设的标准、规范和协议等。西部地区在少数民族语言人才及"一带一路"沿线国家和地区小语种人才培养、特色文献征集保护激励机制、西部地区文献资源征集采访经费保障等方面，都需要国家和各级政府在政策层面进行一定程度的引导和保障。

公共图书馆还可以通过与高校和相关机构，如与民族宗教事务委员会合作，以文献资源建设促进学科研究，以科研成果反哺文献库建设，共享科研经费，广泛搜集资料，形成良好的"文化生态"，从而实现学术研究与文献征集保护相辅相成。在文旅融合方面，一是建设西部地区地方特色文献有助于研究地方特色文旅资源，挖掘地方旅游新潜力，打造文旅新热点；二是可以用旅游经济收益保障文献资源建设工作的长期发展。在文献收集整理的过程中，需要政府协调相关机构积极配合，合作共建，从而保证西部地区特色文献收集工作的系统性和完整性。

附录1 西部地区基层公共图书馆发展优秀案例

案例1 重庆市南岸区社区图书馆标准化建设

一、项目背景

为切实推进基层公共文化服务体系建设，构建"广覆盖、保基本、可持续、受欢迎"的社区图书馆服务体系，南岸区着眼于"文化强区"的打造，积极探索社区图书馆标准化服务，夯实公共文化服务发展基础，为构建南岸区"城市15分钟文化圈"，走出了一条以城带乡、城乡一体化发展的公共文化服务发展之路，充分展示了创新性、示范性、带动性、可持续性，让广大人民群众共享改革开放取得的文化成果。

二、主要内容

（1）建立"五标准"。分别建立设施建设标准体系、图书配送标准体系、免费开放服务标准体系、人才队伍建设标准体系、保障供给标准体系。

（2）实施"四整合"。坚持城市与农村整合、阵地与流动整合、建设与服务整合、品牌打造与日常服务整合。

（3）推动"三创新"。创新特色图书馆服务，创新人力资源整合模式，创新打造图书馆服务品牌。

三、主要做法

一是抓组织领导。南岸区委、区政府高度重视"城市 15 分钟文化圈"的创建工作，将其纳入全区"十二五"文化建设专项规划，作为全区 2014 年、2015 年文化工作的首要任务，督办推进。实行区长亲自挂帅，区财政局、区民政局、区文化委、各街道（乡、镇）等部门和单位协同配合，共同推进。二是抓经费保障。各级财政部门共投入经费 1745 万元，其中，中央财政补助 75 万元，市级财政支持 880 万元，区级财政配套 790 万元。三是抓队伍建设。新招聘社区图书管理员 100 名，新增各级各类专家顾问 17 名，新增文化志愿者 260 名。四是抓产品供给。根据辖区居民文化结构及需求，区图书馆统一规划制定年度图书采购方案并实施采购。与此同时，组织开展形式多样的读书活动。五是抓过程管理。通过建立长效运行管理机制、科学考评督导机制、广泛舆论宣传机制，抓好示范项目过程管理，扩大项目影响力。

四、主要成效

（1）成功构建社区图书馆标准化服务网络。

（2）创新了社区图书馆服务与供给的方式。

（3）探索了社区图书馆管理与运行机制。

（4）社区图书馆效能显著提升。南岸区社区图书馆服务标准化后，每周开放时间达 40 小时，年接待读者共 30 万余人次，借还图书 18 万册次，积极开展各类读书活动，全区群众受益面从创建社区图书馆标准化服务示范项目前的 18% 扩大到目前的 41%，群众满意度从创建前的 75% 提高到目前的98%。

案例 2　克拉玛依市创建国家公共文化服务体系示范项目

一、创建背景

在工作中我们发现，克拉玛依市基层公共图书馆存在馆藏种类不丰富、管理水平较低，业务基础薄弱，各区图书馆发展不平衡，馆际协作不密切、地理位置相对分散等突出问题。如何整合资源，选择理性路径，形成合力，构建克拉玛依公共图书馆联建、共享一体化服务模式项目，以提升克拉玛依市公共图书馆事业整体水平，这一问题显得尤为紧迫和重要。

二、总体目标

按照结构合理、网络健全、运行有效、惠及全民的原则，坚持政府主导、统一实施的方针，创新公共图书馆服务内容和方式，构建以克拉玛依市图书馆为中心，以各区图书馆为纽带，以街道图书阅览室、社区图书室、农家书屋为基础，以企事业单位、学校图书室加盟为补充，建立覆盖全市、功能完善、资源共享、管理规范的联建、共享一体化新型公共图书馆服务体系。

三、创新管理和运行模式

采取以克拉玛依市图书馆为中心馆、以各区图书馆为纽带馆，以街道和社区图书室、农家书屋为基础的图书馆联建、共享一体化服务体系。

（一）管理模式

在不改变原行政隶属人事和财政关系的情况下，分级投入，统一管理。克拉玛依市图书馆负责文献资源的协调采购、建立统一的网络信息操作平台，成为四个城区的信息枢纽，合理周转各馆的文献资源，同时指导和协调全市读者服务工作；各区图书馆与市图书馆采用统一图书管理系统平台，为通借通还提供技术支持，完成市图书馆组织的各项读者服务工作；街道图书阅览室在业务上接受所属区图书馆管理，负责本区域读者服务工作；社区图书室业务上接受所属街道图书室管理；农家书屋由所在地政府进行管理，市图书馆对其业务进行指导；企事业单位、学校图书室文献资料在市图书馆协调下，实现共建共享。

（二）运行模式

（1）克拉玛依市图书馆在市文化主管部门指导下，研究制定并组织实施长远发展规划和短期工作计划，组织全市范围内的读者活动；各区图书馆在各区财政的支持下，统一购买图书，上报联合编目中心后，分配到本区域街道、社区图书室；农家书屋由克拉玛依市图书馆调配文献资源。

（2）建立克拉玛依市图书馆统一平台的书目查询系统，强化各馆之间的信息存取和利用功能，实现"一证通"，图书可在全市公共图书馆之间通借通还。

（3）组织建立文献传递系统，合理周转各图书馆（室）之间的文献资源，最大限度地满足读者需求，实现资源共享。

四、结论

克拉玛依市图书馆将全市公共图书馆、企业图书室、中小学图书室及街道社区图书室都纳入了联建共享范畴，构建了一个以跨地区、跨行业、跨系统为基本特点的联建、共享一体化新型公共图书馆服务体系，成功探索出一套切实可行的运行模式，对其他地区公共图书馆的建设和管理具有一定的参考价值和示范作用。

案例3　巴音郭楞蒙古自治州"幸福家园·特阅服务"项目

一、项目背景

巴音郭楞蒙古自治州接近常住人口 1/3 的外来务工人员和近 7 万残疾人很少能享受公共图书馆提供的服务。为此，州文化体育广播影视局从建立全面覆盖、均等便捷的公共文化服务体系的目标任务出发，于 2013 年初提出了开展以少年儿童、老年人、残疾人、外来务工人员等特殊群体为切入点，以"幸福家园·特阅服务"为主题的图书阅览及文化信息共享工程示范项目创建活动，运用特别的手段、方法，为特殊群体解决特殊困难，提供具有特色的优质公共文化服务，将公共图书馆成为让特殊群体能够充分享受均等、便捷的公共文化服务的"幸福家园"。

二、项目内容

建立特殊读者信息库；举办弱势群体励志公益讲座、展览、培训；在宗教场所设立馆外图书服务点；为残疾人提供优质服务；为青少年群体提供优质服务；为老年人群体提供优质服务；为进城务工人员群体提供优质服务；为服刑人员提供馆外服务；科学规划、分步实施，确保国家公共文化服务体系示范项目落实到位，健全特殊群体服务网络；建立特殊群体阅读需求信息库；配置无障碍阅读设备。

三、项目成效

围绕建立具有公益性、基本性、均等性、便利性的公共文化服务体系，通过实施"幸福家园·特阅服务"示范项目创建工作，促进全州公共文化服务体系建设整体发展、提升。

（1）为特殊群体提供阅览和文化信息服务，让他们能共享文化改革发展成果，使他们在公共图书馆这个"幸福家园"里增长知识、享受快乐，进一步增强党和政府的向心力、凝聚力，促进社会和谐。

（2）推动巴音郭楞蒙古自治州各级组织和全社会进一步重视加强公共文化服务体系建设，加大地方财政投入，动员社会力量积极参与，形成"小项目"建设带动"大体系"发展的良好局面。

（3）通过示范项目创建工作，以工作创新推动公共文化服务内容创新、方式方法创新和制度创新，实现公共文化服务的与时俱进，积极营造幸福和谐的文化氛围。

案例4　重庆市荣昌区的"四馆"联盟体系建设

一、项目亮点

重庆市荣昌区文化馆、图书馆、美术馆、博物馆"四馆"联盟入选第三批国家公共文化服务体系示范项目。"四馆"联盟包括设施资源联盟、阅读资源联盟、品牌活动联盟、数字资源联盟、人才资源联盟五个子联盟。该项目的亮点是：其一，打破了文化资源条块分割、各自为政的现状，调动社会力量参与公共文化服务，实现了资源共建共享，互联互通；其二，以示范项目创建为杠杆，以创促建、以建促效，带动全区公共文化服务体系建设提档升级。

二、主要做法

第一，加强组织支撑。成立了以区长任组长、分管区领导为副组长、区级25个部门领导为成员的国家公共文化服务体系示范项目创建工作领导小组。领导小组办公室设在区文化和旅游发展委员会，承担日常创建工作。同时，把"四馆"联盟创建工作纳入2016年、2017年区政府工作报告，明确了创建工作的组织领导。

第二，加大经费投入。据统计，为建设"四馆"联盟体系，三年共投入创建资金2500万元以上，其中投入专项创建工作经费200万元，撬动社会资金300万元投入公共文化服务事业。

第三，严格目标管理。创建工作领导小组与区文化馆、图书馆、美术馆、博物馆签订了创建工作责任书，明确创建职责分工，层层分解落实创建任务。创建期间共开展督查 7 次，有条不紊地推进创建工作。

第四，强化宣传工作。先后向国家级、市级媒体报送国家公共文化服务体系示范项目创建信息动态 20 余篇（条），向《重庆文化》、华龙网、《荣昌日报》、荣昌电视台、"荣昌文化"门户网站、"重庆荣昌" App 终端和微信公众号"荣昌论坛"发送文化活动信息 560 余条次，点击超过 100 万次，形成强大的宣传合力，"四馆"联盟知名度、美誉度和影响力得到极大提升。

三、项目成效

项目实施取得了不俗的成绩。联盟建设由区图书馆牵头，实现了区域内文体场馆、活动中心讲座组织工作的统一规划、互联互通。2015 年统筹规划了 80 余场群众文化讲座，4000 余人次参加活动；2016 年统筹规划了 90 场群众文化讲座，5000 余人次参加活动；2017 年统筹规划了 110 场群众文化讲座，8000 余人次参加活动。最终，项目验收委托重庆诚凯市场信息咨询有限公司做第三方群众满意度测评，满意度为 92.4 分。

案例5　昌都市公共图书馆服务拓展和创新项目

一、项目背景

西部地区经济基础薄弱，地广人稀，县级公共图书馆发展比较落后，在财力、人力、馆舍三方面都无力承担图书馆总分馆制中心馆责任；同时，读者规模也较小，因此图书馆总分馆制建设主体应适当上移，由市（州）级图书馆承担相关责任。

二、项目内容

（1）完善制度建设。制定、修改完善了《公共图书馆免费开放服务工作方案》《公共图书馆免费开放服务内容》《读者文明借阅须知》《办证须知》《阅览室须知》《外借须知》等制度，为公共图书馆全面免费开放做好充分准备。

（2）进一步加强基层图书馆设施建设，力争形成覆盖城乡、结构合理、功能完备的设施网络，对市公共图书馆进行改扩建。加强基层公共图书馆设施建设，推进流动图书馆设施建设。

（3）加强公共数字文化建设与服务，培育基于新媒体的新型图书馆服务业态。进一步开展公共数字文化工程建设。

（4）进一步推进传统文化资源的保存与保护，强化公共图书馆在传承中华文明方面的重要职能。

（5）拓展创新服务手段，优化服务模式，全面提升公共图书馆服务能力。

全面推进公共图书馆免费开放，加强对农村基层群众、特殊群体的服务，大力开展公共图书馆延伸服务，提高公共图书馆服务专业化水平。

三、项目成效

昌都市公共图书馆服务拓展和创新项目，以市图书馆为中心，指导和规范 11 个县级文化活动中心（图书馆）、138 个乡镇文化站、1119 个农家书屋和 516 个寺庙书屋服务，统筹市职业学校、昌都市第一高级中学、昌都市第二高级中学、昌都市第三高级中学及各县中小学各图书室，并建设便民书窗 45 个、昌都市图书馆分馆 2 个、迷你书屋 5 个、流动图书室 15 个。昌都市公共图书馆服务拓展和创新项目的开展，有利于在县级图书馆发展十分薄弱的地区完善公共图书馆服务设施网络，丰富基层公共图书馆文献资源，推动公共文化服务理念创新，增加服务手段，并能提升基层公共图书馆的人员队伍素质。

案例 6　安康市图书馆 24 小时自助图书馆

一、项目内容

将图书馆总分馆制和社区图书馆建设主体适当上移，由市级图书馆充当中心馆，除整合基层公共文化原有资源外，还应该积极尝试采用新技术、新方法、新设备。安康市政府在创建国家公共文化服务体系示范区时，由安康市图书馆在全市范围内打造 24 小时自助图书馆服务体系，通过创新取得了非凡的成绩。安康市图书馆将此体系命名为"安康阅读吧"。安康市现有阅读吧 32 个，其中市图书馆本级建 7 个示范点，汉滨区 3 个、高新区 6 个、恒口示范区 4 个，岚皋县 4 个，汉阴、石泉、宁陕、紫阳、平利、镇坪、旬阳、白河 8 个县城各一个。安康阅读吧虽然平均每个阅读吧的面积大致只有 80—100 平方米，投资大致为 80 万—100 万元，藏书大致为 8000—10000 册，30 多个阅读吧的面积总和也只能满足二级图书馆的建筑面积标准，但这些阅读吧由于环境优美、区位便利，因此服务十分高效，每个阅读吧月均到馆读者 8000—10000 人，30 多个分馆的日接待读者总和几乎与全国大部分省级图书馆近似，产生了惊人的经济效益和社会效益。

二、经验总结

在安康阅读吧服务体系建设过程中，安康市图书馆摸索出的两条经验：其一，充分整合、改造和利用政府其他部门现有的闲置房产、地产，例如龙舟文化园阅读吧是由公园的过廊改造而成、永安门书吧是由城楼改造而成；其二，通过将阅读吧和水吧、咖啡馆融合，赋予阅书吧以休闲和自我造血功能，在营造温馨的阅读环境的同时，又能减少阅读吧对财政的依赖。

案例7 重庆市大渡口区"文化馆图书馆总分馆制"项目

现如今，西部地区依然存在大量基层公共图书馆和文化馆在馆舍、人员甚至管理上"两馆合一"的情况，因此重庆市大渡口区"文化馆图书馆总分馆制"（以下简称"文图总分馆制"）项目对于西部地区基层公共图书馆开展公共文化服务非常具有借鉴价值。

重庆市大渡口区文图总分馆制项目在全国公共文化服务体系示范项目评审中，从全国47个示范项目中脱颖而出，获评西部第一、全国第二。文图总分馆制从文化馆与图书馆两馆合作模式、制度设计、实践与推广、建设经费保障、队伍建设、文化宣传6个方面探索出了有价值的经验。以管理制度模式探索为例，文图总分馆制实行垂直管理与属地管理相结合的双重管理机制：在垂直管理上，区委、区政府将工作情况纳入年度综合目标考核，将总分馆建设经费纳入区级财政预算，区文广新局统一制定总馆年度目标责任书，总馆统一制定分馆年度目标责任书；在属地管理上，乡镇（街道）全权负责分馆和服务点的人财物管理，分馆馆长由所在乡镇（街道）文化中心负责人担任，服务点负责人由分馆选派，分馆和服务点所需人头和运行经费全额纳入乡镇（街道）财政预算。

案例 8 宁夏回族自治区贺兰县"图书馆＋电商创业"培训

　　电商创业不仅是推进"大众创业、万众创新",推动农村经济发展,实现精准帮扶、巩固扶贫成果的有效途径,更是"互联网＋"时代农业发展的新形态。2015 年,贺兰县提出将电商产业作为经济转型发展的"关键产业"和突破口,实现"大众创业、万众创新"的目标。贺兰县图书馆作为地方优秀传统文化传承和发展的主要阵地,面对"互联网＋农业"的新形势,充分发挥自身优势的同时,实现图书馆服务转型和服务创新,从而助力农村电商创业发展,探索出了一条全新的文化扶贫、乡村振兴道路。贺兰县图书馆在"图书馆＋电商创业"培训中积极拓展与供销社、社保局、就业局等部门合作,形成区域联动发展,同时立足资源优势、完善基础设施、打造电商服务站,并全力打造图书馆新的服务空间。仅 2015 年,贺兰县图书馆就先后主办电商创业培训 23 期,培训 920 人次。

附录 2 西部地区基层公共图书馆调研问卷

西部地区基层公共图书馆发展策略研究调查问卷（综合）

第一部分 图书馆服务情况调查

一、服务区域及机构基本情况

1. 本图书馆处于 _____ 省 _____ 市 _____ 县（区）。

2. 本县（市、区）2019 年人口 _____ 万、GDP _____ 亿、财政收入 _____ 亿，行政区域面积 _____ 平方公里（千米），农村人口比例 _____ %。

3. 本馆名称为 _____，第六次评估定级结果为 _____ 级图书馆。

4. 本馆是否独立建制（即并非与文化馆等单位联合建制）:（是 □ 否 □）。

二、政策与政府支持

1. 本地人大是否立法通过"地方公共文化保障法规（条例）"相关文件:

（是 □　否 □）。

2. 本地人大是否立法通过"地方公共图书馆法规（条例）"相关文件：（是 □　否 □）。

3. 本地政府近年来是否将公共图书馆发展纳入本地区"国民经济和社会发展规划（计划）"：（是 □　否 □）。

4. 本地政府近年来是否将公共图书馆发展纳入本地区"文化改革发展规划（纲要）"：（是 □　否 □）。

5. 本地政府近年来是否将公共图书馆发展纳入本地区"信息化建设（发展）"相关规划：（是 □　否 □）。

6. 本地政府近年来是否将公共图书馆发展状况反映到本地区政府年度工作报告中：（是 □　否 □）。

三、经费状况基本情况

1. 本地政府近年来是否将公共图书馆经费纳入本地财政预算经费：（是 □　否 □）。

2. 本馆 2015 年财政拨款总经费 _____ 万元，2019 年财政拨款总经费 _____ 万元。

3. 本馆 2015 年纸质图书采购总经费 _____ 万元，2019 年纸质图书采购总经费 _____ 万元。

4. 本馆 2015 年数字资源及设备采购经费 _____ 万元，2019 年数字资源及设备采购经费 _____ 万元（无相关专项经费填"0"）。

四、馆舍条件基本情况

1. 本馆目前馆舍建成于 _____ 年。

2. 本馆 2015 年馆舍面积 _____ 平方米，2019 年馆舍面积 _____ 平方米。

3 本馆目前可供读者使用的馆舍面积 _____ 平方米，目前阅览席位数 _____ 个。

4. 本馆目前是否有独立少儿借阅区：（是 □　否 □），儿童阅览区面积为 _____ 平方米（无填 "0"）。

5. 本馆近期是否新建馆舍（或规划）：（是 □　否 □）。

五、从业人员基本情况

1. 本馆在岗从业人员总数 _____ 人，其中正式编制 _____ 人，聘用人员 _____ 人。

2. 在编人员中正高级职称 _____ 人，副高级职称 _____ 人，中级职称 _____ 人，初级职称 _____ 人。

3. 本馆在编人员中具有研究生学历（及以上） _____ 人，本科学历 _____ 人，大专学历 _____ 人，高中及以下学历 _____ 人。

4. 本馆现有人员中具有图情专业学历的从业人员 _____ 人。

5. 本馆 2019 年是否自办员工在职培训：（是 □　否 □），是否组织人员参加省、市专业培训：（是 □　否 □），共 _____ 人。

六、文献资源基本情况

1. 本馆 2015 年纸质图书总藏量 _____ 种 _____ 万册，本馆 2019 年纸质图书总藏量 _____ 种 _____ 万册。

2. 本馆共征集、接受捐赠地方文献 _____ 种 _____ 册。

3. 本馆现有古籍总藏量 _____ 册，其中善本 _____ 册。

4. 本馆 2015 年采购纸质图书 _____ 种 _____ 万册，2019 年采购纸质图书 _____ 种 _____ 万册。

5. 本馆 2015 年采购期刊 _____ 种，2019 年采购期刊 _____ 种。

6. 本馆 2015 年采购报纸 _____ 种，2019 年采购报纸 _____ 种。

7. 本馆现有电子图书 _____ 万种，电子期刊 _____ 万种，电子报纸 _____ 种。

8. 本馆现有数据库 _____ 个，其中购买数据库 _____ 个，自建数据库 _____ 个。

9. 本馆是否采购与使用"听书"等新型数字资源服务读者：（是 □ 否 □）。

七、信息化及新媒体服务基本情况

1. 本馆目前是否使用图书馆自动化管理、编目系统：（是 □ 否 □）。

2. 本馆是否通过 RFID 标签、自助借还书机等技术设备实现读者自助借还书：（是 □ 否 □）。

3. 本馆是否设有电子阅览室：（是 □ 否 □），共有计算机 _____ 台。

4. 本馆是否有图书馆网站：（是 □ 否 □）。

5. 本馆是否开通图书馆微信公众号：（是 □ 否 □）。

6. 本馆是否实现读者区域无线网（Wi-Fi）覆盖：（是 □ 否 □）。

7. 本馆是否采购与使用 VR、AR、3D、"朗读吧"等新型数字文化设备服务读者：（是 □ 否 □）。

8. 本馆是否采购与使用 24 小时书吧等新型数字文化设施服务读者：（是 □ 否 □）。

八、服务效能基本情况

1. 本馆 2015 年持证读者 ＿＿＿＿＿＿ 千人，2019 年持证读者 ＿＿＿＿＿＿ 千人。

2. 本馆 2015 年接待读者量 ＿＿＿＿＿＿ 千人次，2019 年接待读者量 ＿＿＿＿＿＿ 千人次。

3. 本馆 2015 年文献外借 ＿＿＿＿＿＿ 万册次，2019 年文献外借 ＿＿＿＿＿＿ 万册次。

4. 本馆 2015 年共举办各类讲座 ＿＿＿＿＿＿ 次，2019 年共举办各类讲座 ＿＿＿＿＿＿ 次。

5. 本馆 2015 年共举办各类展览 ＿＿＿＿＿＿ 次，2019 年共举办各类展览 ＿＿＿＿＿＿ 次。

6. 本馆 2015 年共举办各类培训 ＿＿＿＿＿＿ 次，2019 年共举办各类培训 ＿＿＿＿＿＿ 次。

7. 本馆是否向读者、企业、政府开展参考咨询服务：（是 □　否 □）。

8. 本馆是否曾面向政府提供立法决策服务：（是 □　否 □）。

九、总分馆体系建设情况

1. 本馆是否启动本行政区域总分馆制建设：（是 □　否 □）（回答否，以下内容可不填写）。

2. 截至 2019 年底区域总分馆建设推进情况：已建成分馆 ＿＿＿＿＿＿ 个，其中乡镇分馆 ＿＿＿＿＿＿ 个、街道分馆 ＿＿＿＿＿＿ 个、村级分馆 ＿＿＿＿＿＿ 个、社区分馆 ＿＿＿＿＿＿ 个，机关、企事业单位、学校等其他类型分馆 ＿＿＿＿＿＿ 个。

3. 区域总分馆是否使用统一系统管理平台：（是 □　否 □）。

4. 本区域分馆各类型文献是否由总馆统一采购：(是 ☐ 否 ☐)。

5. 分馆文献不能实现统一采购的主要原因（多选）：(　　　)

　　A. 本县无总分馆文献购置经费安排。

　　B. 乡镇、街道无可供统筹的经费。

　　C. 区域总馆（县馆）自身文献购置经费亦不宽裕。

6. 本区域各类型分馆文献是否实现统一编目：(是 ☐ 否 ☐)。

7. 总分馆文献是否能够流转、数字资源是否能够共享：(是 ☐ 否 ☐)。

8. 本区域行政机关及文化主管部门是否知晓并重视公共图书馆总分馆建设：(　　　)

　　A. 知晓，并在政策、资金、人力资源等方面对本区域总分馆制建设给予实际支持。

　　B. 知晓，但仅限于一般性的工作要求，缺乏实质性的扶持行动。

　　C. 不知晓。

9. 乡镇（街道）是否知晓并配合公共图书馆总分馆建设：(　　　)

　　A. 知晓，工作积极配合。

　　B. 知晓，工作被动应付。

　　C. 不知晓。

第二部分　图书馆员对图书馆事业发展的思考

一、您对本馆基本运营程度满意情况

	满意	基本满意	不满意
1. 图书馆员工素养	☐	☐	☐
2. 图书馆人员数量	☐	☐	☐
3. 图书馆馆舍面积及空间环境	☐	☐	☐

续表

	满意	基本满意	不满意
4. 图书馆馆藏图书（纸质版和电子版）资源数量	☐	☐	☐
5. 图书馆经费额度	☐	☐	☐
6. 图书馆文献更新速度	☐	☐	☐
7. 图书馆数字资源丰富度	☐	☐	☐
8. 图书馆提供网络（Wi-Fi 等）便捷度	☐	☐	☐
9. 图书馆新媒体平台服务（微信等平台）信息维护	☐	☐	☐
10. 图书馆读者活动（讲座、展览、阅读推广活动等）	☐	☐	☐

二、您认为公共图书馆发展的挑战是什么？（多选）

1. 您认为本馆发展最大的障碍是什么？（　　　）

　　A. 上级支持力度不足　　　　　　B. 财政经费不足

　　C. 图书馆员专业素养不足　　　　D. 员工人数过少

　　E. 图书馆场地空间不足　　　　　F. 读者及群众阅读需求不足

　　H. 其他 _____

2. 您认为基层图书馆员职业发展最大的障碍是什么？（　　　）

　　A. 职称评审不合理　　　　　　　B. 工资待遇过低

　　C. 晋升渠道狭窄

3. 您认为读者对图书馆最大的需求是什么？（　　　）

　　A. 文献借阅　　　　　　　　　　B. 阅读推广活动

　　C. 自习、休闲等空间服务

4. 您认为还有哪些影响基层图书馆发展的因素？

西部地区基层公共图书馆发展策略研究调查问卷（读者需求调查）

一、基本情况

1. 您常去的公共图书馆名称 _____。

2. 年龄：

16 岁以下□　　　　17—30 岁□　　　　31—45 岁□　　　　46—60 岁□

61 岁以上□

3. 性别：男□　　　　女□

4. 职业：

学生□　　　　　　工人□　　　　　　农民□　　　　　教师□

机关干部□　　　　科研技术人员□　　　军人□　　　　　公司职员□

自由职业者□　　　离退休人员□　　　其他□_____

5. 受教育程度：

中小学□　　　　　大专□　　　　　　本科□　　　　　硕士□

博士及以上□

6. 是否该馆持证读者：是□　　　　　否□

7. 该图书馆是否能满足您对公共图书馆的使用要求：是□　　　否□

二、您对常去公共图书馆的体验满意度

项目	满意	基本满意	不满意
1. 图书馆环境安静、整洁	□	□	□

续表

项目	满意	基本满意	不满意
2. 图书馆服务项目和开放时间的公示	☐	☐	☐
3. 图书馆开放服务时长	☐	☐	☐
4. 图书馆各种标识、指引	☐	☐	☐
5. 图书馆馆藏图书（纸质版和电子版）资源	☐	☐	☐
6. 图书馆纸质文献资源布局	☐	☐	☐
7. 图书馆图书报刊更新速度	☐	☐	☐
8. 数字资源（数据库购买品种数量、网络资源等）	☐	☐	☐
9. 图书馆提供必要的设备（如计算机、Wi-Fi 等）	☐	☐	☐
10. 图书馆网站设计（美观程度、获取信息、操作便捷等）	☐	☐	☐
11. 图书馆书目信息检索	☐	☐	☐
12. 图书馆在线咨询	☐	☐	☐
13. 图书馆新媒体平台服务（微博、微信等平台）	☐	☐	☐
14. 图书馆读者活动（讲座、展览、阅读推广活动等）	☐	☐	☐
15. 图书馆培训活动	☐	☐	☐
16. 图书馆组织的各类线上活动	☐	☐	☐
17. 对图书馆书刊文献及服务活动的宣传和推介	☐	☐	☐
18. 读者反映意见的渠道及处理结果反馈	☐	☐	☐
19. 图书馆馆员服务周到、及时	☐	☐	☐
20. 图书馆馆员仪表整洁，举止得体，礼貌热情	☐	☐	☐
21. 图书馆馆员具备解答读者问题的知识和能力	☐	☐	☐

三、您使用公共图书馆的现状调查（1—5 可多选，6—10 为单选）

1. 阅读目的：

　　工作学习需要，提高自身知识和能力☐

　　文化作品赏析，完善自我，提高修养☐

了解实时动态和各类新闻资讯□

消遣娱乐，缓解压力□

追求时尚潮流信息□

无特殊目的，随意性很大□

其他□

2. 传统纸媒阅读内容：

专业知识□　　　学术信息□　　　新闻资讯□　　　社交信息□

娱乐资讯□　　　经典名著□　　　文学随笔□　　　各类小说□

其他□

3. 传统纸媒阅读载体使用情况：

图书□　　　　　期刊□　　　　　报纸□　　　　　视阅读内容而定□

其他□

4. 传统阅读时长（每周）：

1—7 小时□　　8—14 小时□　　15—21 小时□　　22—28 小时□

28 小时以上□

5. 数字阅读内容：

专业知识□　　　学术信息□　　　新闻资讯□　　　社交信息□

娱乐资讯□　　　经典名著□　　　文学随笔□　　　网络小说□

其他□

6. 数字阅读终端使用情况：

手机□　　　　　电脑□　　　　　平板电脑□　　　　电子阅读器□

其他□

7. 数字阅读时长（每次）：

0—30 分钟□　　30—60 分钟□　　1—2 小时□　　2 小时以上□

不使用□

8. 您每月到公共图书馆的频次：

不足 1 次□　　　　1—5 次□　　　　6—10 次□　　　11—15 次□

16—20 次□　　　20 次以上□

9. 您最常使用公共图书馆的方式：

馆内阅读□　　　借阅文献□　　　　参加活动□　　　　线上阅读□

其他□

10. 您最常使用的公共图书馆线上服务有：

读者证注册□　　　自助缴费□　　　获取馆内信息□　　　活动报名□

数字资源□　　　线上展览讲座□　　　文献预约□　　　新书推广□

四、其他问题

1. 您希望该馆还能提供哪些服务？

_____

2. 您认为该馆目前最需解决的问题是什么？

_____

3. 您对该馆还有哪些意见和建议？

_____

西部地区基层公共图书馆发展策略研究调查问卷（民族地区）

第一部分　图书馆服务情况调查

一、服务区域及机构基本情况

1. 本图书馆位于 _____ 省（自治区、直辖市）_____ 市 _____ 县（区）。

2. 本县（市、区）2019 年人口 _____ 万、GDP _____ 亿、财政收入 _____ 亿，行政区域面积 _____ 平方公里（千米），农村人口比例 _____%；少数民族人口比例 _____%。

3. 本图书馆名称为 _____，第六次评估定级结果为 _____ 级图书馆。

4. 本馆是否独立建制（即并非与文化馆等单位联合建制）：（是 □ 否 □）。

二、政策与政府支持

1. 本地人大是否立法通过"地方公共文化保障法规（条例）"相关文件：（是 □ 否 □）。

2. 本地人大是否立法通过"地方公共图书馆法规（条例）"相关文件：（是 □ 否 □）。

3. 本地政府近年来是否将公共图书馆发展纳入本地区"国民经济和社会

发展规划（计划）"：（是 □　否 □）。

4.本地政府近年来是否将公共图书馆发展纳入本地区"文化改革发展规划（纲要）"：（是 □　否 □）。

5.本地政府近年来是否将公共图书馆发展纳入本地区"信息化建设（发展）"相关规划：（是 □　否 □）。

6.本地政府近年来是否将公共图书馆发展状况反映到本地区政府年度工作报告中：（是 □　否 □）。

三、经费状况基本情况

1.本地政府近年来是否将公共图书馆经费纳入本地财政预算经费：（是 □　否 □）。

2.本图书馆2015年财政拨款总经费 _____ 万元，2019年财政拨款总经费 _____ 万元。

3.本图书馆2015年纸质图书采购总经费 _____ 万元，2019年购书经费 _____ 万元。

4.本图书馆2015年数字资源及设备采购经费 _____ 万元，2019年数字资源及设备采购经费 _____ 万元（无相关专项经费填"0"）。

5.本馆是否有少数民族语言文字文献专项购置经费：（是 □ _____ 万元，否 □）。

四、馆舍条件基本情况

1.本馆目前馆舍建成于 _____ 年。

2.本图书馆2015年馆舍面积 _____ 平方米，2019年馆舍面积为 _____ 平方米。

3. 本图书馆目前可供读者使用的馆舍面积有 _____ 平方米，目前阅览席位数为 _____ 个。

4. 本图书馆目前是否有独立少儿借阅区:（是 □　否 □），儿童阅览区面积为 _____ 平方米（无填"0"）。

5. 本馆近期是否新建馆舍（或有此规划）:（是 □　否 □）。

6. 本馆是否设置有少数民族特色主题分馆:（是 □　否 □）。

五、从业人员基本情况

1. 本馆在岗从业人员总数 _____ 人，其中正式编制 _____ 人，聘用人员 _____ 人，少数民族 _____ 人。

2. 在编人员中正高级职称 _____ 人，副高级职称 _____ 人，中级职称 _____ 人，初级职称 _____ 人。

3. 本馆在编人员中具有研究生学历（及以上）_____ 人，本科学历 _____ 人，大专学历 _____ 人，高中及以下学历 _____ 人。

4. 本馆现有人员中具有图情专业学历的从业人员 _____ 人，其中少数民族 _____ 人。

5. 本馆 2019 年是否自办员工在职培训:（是 □　否 □），是否组织人员参加省、市专业培训:（是 □　否 □）_____ 人。

六、文献资源基本情况

1. 本馆 2015 年纸质图书总藏量 _____ 种 _____ 万册，本馆 2019 年纸质图书总藏量 _____ 种 _____ 万册，其中少数民族语言文字文献 _____ 种 _____ 万册。

2. 本馆共征集、接受捐赠地方文献 _____ 种 _____ 册，其中少数民族语言文字文献 _____ 种 _____ 万册。

3. 本馆古籍总藏量 _____ 册，其中善本 _____ 册。

4. 本馆 2015 年采购纸质图书 _____ 种 _____ 万册，2019 年采购纸质图书 _____ 种 _____ 万册，其中少数民族语言文献 _____ 种 _____ 万册。

5. 本馆 2015 年采购期刊 _____ 种，2019 年采购期刊 _____ 种。

6. 本馆 2015 年采购报纸 _____ 种，2019 年采购报纸 _____ 种。

7. 本馆现有电子图书 _____ 万种，电子期刊 _____ 万种，电子报纸 _____ 种。

8. 本馆现有数据库 _____ 个。其中购买数据库 _____ 个，自建数据库 _____ 个。其中少数民族语言文字数据库 _____ 个。

9. 本馆是否采购与使用"听书"等新型数字资源服务读者：（是 □　否 □）。

七、信息化及新媒体服务基本情况

1. 本馆目前是否使用图书馆自动化管理、编目系统：（是 □　否 □）。

2. 本馆是否通过 RFID 标签、自助借还机等技术设备实现读者自助借还书：（是 □　否 □）。

3. 本馆是否设有电子阅览室：（是 □　否 □），共有计算机 _____ 台。

4. 本馆是否有图书馆网站：（是 □　否 □）。

5. 本馆是否开通图书馆微信公众号：（是 □　否 □）。

6. 本馆是否实现读者区域无线网（Wi-Fi）覆盖：（是 □　否 □）。

7. 本馆是否采购与使用 VR、AR、3D、"朗读吧"等新型数字文化设备服务读者：（是 □　否 □）。

8. 本馆是否采购与使用 24 小时书吧等新型数字文化设施服务读者：

（是 □　否 □）。

9.本馆是否设置有少数民族语言文字网站：（是 □　否 □）。

八、服务效能基本情况

1.本馆2015年持证读者 _____ 千人。2019年持证读者 _____ 千人。其中少数民族读者 _____ 千人。

2.本馆2015年接待读者 _____ 千人次。2019年接待读者 _____ 千人次。其中少数民族读者 _____ 千人次。

3.本馆2015年文献外借 _____ 万册次。2019年文献外借 _____ 万册次，其中少数民族语言文字文献 _____ 万册次。

4.本馆2015年共举办各类讲座 _____ 次。2019年共举办各类讲座 _____ 次，其中专门为少数民族读者举办的讲座 _____ 次。

5.本馆2015年共举办各类展览 _____ 次。2019年共举办各类展览 _____ 次，其中专门为少数民族读者举办的展览 _____ 次。

6.本馆2015年共举办各类培训 _____ 次。2019年共举办各类培训 _____ 次，其中专门为少数民族读者举办的培训 _____ 次。

7.本馆是否向读者、企业、政府开展参考咨询服务：（是 □　否 □）。

8.本馆是否曾面向政府提供立法决策服务：（是 □　否 □）。

九、总分馆体系建设情况

1.本馆是否启动本行政区域总分馆制建设：（是 □　否 □）（回答否，以下内容可不填写）

2.截至2019年底区域总分馆建设推进情况：已建成分馆 _____ 个，其中乡镇分馆 _____ 个、街道分馆 _____ 个、村级分馆

_____ 个、社区分馆 _____ 个，机关、企事业单位、学校等其他类型分馆 _____ 个。

3. 区域总分馆是否使用统一系统管理平台：(是 □　否 □)。

4. 本区域分馆各类型文献是否由总馆统一采购：(是 □　否 □)。

5. 分馆文献不能实现统一采购的主要原因（多选）：(　　　)

　　A. 本县无总分馆文献购置经费安排。

　　B. 乡镇、街道无可供统筹的经费。

　　C. 区域总馆（县馆）自身文献购置经费亦不宽裕。

6. 本区域各类型分馆文献是否实现统一编目：(是 □　否 □)。

7. 总分馆文献是否能够流转、数字资源是否能够共享：(是 □　否 □)。

8. 本区域行政机关及文化主管部门是否知晓并重视公共图书馆总分馆建设：(　　　)

　　A. 知晓，并在政策、资金、人力资源等方面对本区域总分馆制建设给予实际支持。

　　B. 知晓，但仅限于一般性的工作要求，缺乏实质性的扶持行动。

　　C. 不知晓。

9. 对于总分馆建设，乡镇（街道）是否知晓及工作配合情况（单选）：(　　　)

　　A. 知晓，工作积极配合。　　　　　　B. 知晓，工作被动应付。

　　C. 不知晓。

十、本馆是否给少数民族民众提供有好的服务案例？如有，请详细说明。

_____

_____

_____

第二部分　图书馆员对图书馆事业发展思考

一、您对本馆基本运营程度满意情况

	满意	基本满意	不满意
1. 图书馆员工素养	☐	☐	☐
2. 图书馆人员数量	☐	☐	☐
3. 图书馆馆舍面积及空间环境	☐	☐	☐
4. 图书馆馆藏图书（纸质版和电子版）资源数量	☐	☐	☐
5. 图书馆经费额度	☐	☐	☐
6. 图书馆文献更新速度	☐	☐	☐
7. 图书馆数字资源丰富度	☐	☐	☐
8. 图书馆提供网络（Wi-Fi 等）便捷度	☐	☐	☐
9. 图书馆新媒体平台服务（微信等平台）信息维护	☐	☐	☐
10. 图书馆读者活动（讲座、展览、阅读推广活动等）	☐	☐	☐

二、您认为公共图书馆发展的挑战是什么？（多选）

1. 您认为本馆发展最大的障碍是什么？（　　　）

　　A. 上级支持力度不足　　　　　B. 财政经费不足

　　C. 图书馆员专业素养不足　　　D. 员工人数过少

　　E. 图书馆场地空间不足　　　　F. 读者及群众阅读需求不足

　　H. 其他 _____

2. 您认为基层图书馆员职业发展最大的障碍是什么？（　　　）

　　A. 职称评审不合理　　　　　　B. 工资待遇过低

　　C. 晋升渠道狭窄

3. 您认为读者对图书馆最大的需求是什么？（　　　）

    A. 文献借阅　　　　　　　　　B. 阅读推广活动

    C. 自习、休闲等空间服务

4. 你认为还有哪些影响基层图书馆发展的因素？

_____

_____

后　记

　　《西部地区基层公共图书馆发展策略研究报告》业已完稿。陕西省图书馆研究团队在报告撰写过程中，为提高报告的全面性、真实性和学术性做出了诸多努力。首先，为提高报告的全面性，陕西省图书馆积极联系西部各省（自治区、直辖市）基层公共图书馆，请求各馆在问卷调研、实地走访、优秀案例筛选等方面给予必要的帮助。其次，研究团队在考虑到西部地区少数民族聚集的特性后，还专门邀请青海玉树藏族自治州图书馆、新疆伊犁哈萨克自治州图书馆等少数民族地区基层公共图书馆相关负责人参与本次研究工作。同时，为了解西部地区基层公共图书馆真实发展状况，研究团队实地走访了十余个基层公共图书馆，并广泛听取了有关文化主管部门工作人员、公共图书馆工作人员和读者的多方意见。最后，为了充实研究团队的学术力量，陕西省图书馆还邀请省内多名权威专家、学者为研究出谋划策。

　　同时，陕西省图书馆项目研究团队需要着重感谢"公共图书馆事业发展战略研究项目专家论证会"上，澳门大学图书馆馆长吴建中、西北大学公共管理学院教授杨玉麟、南京图书馆副馆长许建业、东莞图书馆馆长李东来等诸位专家、学者提出的多项专业点评和宝贵意见。在汲取专家们的宝贵意见后，我们更加明确了研究报告的写作思路，并特别平衡了报告各部分的内容，着重完善和修订了政策建议部分的内容，从而提出了更多切合西部地区基层公共图书馆现实状况的发展建议。

　　虽然陕西省图书馆项目研究团队认真调研、用心写作，希望能够完美地完成西部地区基层公共图书馆发展战略研究项目的研究工作，但研究报告仍有诸多不足。第一，由于疫情的原因，研究团队没有广泛地前往其他西部省（自治区、直辖市）实地走访调研，而是更多采用调查问卷的形式获取其他省份的基层公共图书馆发展状况，因此研究样本稍显不足。第二，项目报告筛选的"西部地区基层公共图书馆发展优秀案例"时效性、全面性欠佳，仍有大量西部地区基层公共图书馆发展优秀案例值得发掘。第三，研究团队写作经验稍显不足，研究报告在框架结构、内容主次安排等方面仍有改善空间。第四，研究报告的政策建议部分过多强调各级政府的主体责任，对基层公共图书馆发挥自身主观能动性的关注稍显不足。

由于课题组成员水平有限，敬请专家学者和业界同道批评指正。

基层公共图书馆发展策略研究（西部）项目

联合课题组

二〇二二年十二月